U05B6878

URUGUAY

埃斯特角海滨

科洛尼亚
的黄昏

议会宫

蒙得维的亚中央球场

特色烧烤
美食

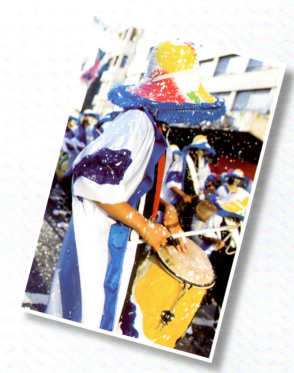

坎东韦

马黛茶

探戈
（Image by Art Tower from
Pixabay.jpg）

中央高校基本科研业务费专项资金资助项目（项目编号：2018JBWZ004）研究成果

如此
乌拉圭

上海社会科学院出版社
SHANGHAI ACADEMY OF SOCIAL SCIENCES PRESS

王珍娜 / 著

.

前　言

乌拉圭以其宜人的自然风光和安定的社会环境，素来享有"南美瑞士""钻石之国"等美誉，虽是世界上距离中国最遥远的几个国家之一，但遥远的距离并不能阻碍两国交流的热情。近些年来，中国已经成为乌拉圭第一大贸易伙伴国，乌拉圭成为中国多种农业产品供应大国，两国经贸关系发展迅速。

2018 年，中国与乌拉圭建交 30 周年，然而国人对于这个国家除了牛排和苏亚雷斯之外，仍旧知之甚少。

本书旨在向我国人民推广乌拉圭文化，帮助国民增进对该国的认识与了解，围绕旅游美食、风俗民情、足球文化和文学大家四个方面展开：旅游美食版块，为读者呈现"玫瑰之城"——蒙得维的亚、"疗养胜地"——埃斯特角城和"世遗小镇"——科洛尼亚等乌拉圭一级旅游胜地的历史和美景，同时对乌拉圭经典的美食和饮品进行介绍；风俗民情版块，介绍乌拉圭人的饮食习惯、社交礼仪，追溯享誉世界的马黛茶的制作及饮用习俗，同时对其特有传统节日圣周、狂欢节等追根溯源，也会带读者领略满负盛名的探戈、坎东韦及国舞佩里孔的独特魅力；足球文化版块，与读者重温乌拉圭足球的悠久历史，并一睹弗朗西斯科利、阿尔瓦罗·雷科巴、路易斯·苏亚雷斯的群星风采；文学大家版块，就拉丁美洲的良心——爱德华多·加莱亚诺、短篇小说之王——奥拉西奥·基罗加、魔幻现实主义大师——胡安·卡洛斯·奥内蒂乌拉圭知名的文学大师进行深度解读。

本书整体风格轻松明快，力求可读性和学术性兼备，以期在简明轻快的行文中，为国人打开一扇认识"如此乌拉圭"的窗户，也为双方深入了解构建一座桥梁。

最后，对参与本书撰写及校对工作的程天歌、王心怡及张灏婷同学表示感谢。

目 录

旅游美食   1

旅游胜地   3

  "玫瑰之城"蒙得维的亚   4

  "疗养胜地"埃斯特角城   22

  "世遗小镇"科洛尼亚   29

美食天堂   37

  肉食主义者   38

  甜品饮品   44

  港口市场   46

风俗民情   49

饮食风俗   51

  饮食习惯   51

  马黛茶   54

  丹娜红酒   61

服装   63

礼仪   64

传统节日   67

狂欢节   68

克里奥尔周   73

其他节日   76

民间歌舞   80

探戈   80

坎东韦歌舞   84

其他歌舞   87

足球文化   97

国民运动——足球   99

历史概述   100

俱乐部荣誉   103

国家队历程   105

恩佐·弗朗西斯科利   114

希望之星   115

辗转海外   118

重焕生机   120

阿尔瓦罗·雷科巴   124

初露锋芒　　　　　　　　　　　　125

意甲沉浮　　　　　　　　　　　　126

叶落归根　　　　　　　　　　　　132

路易斯·苏亚雷斯　　　　　　　　　134

追梦少年　　　　　　　　　　　　135

荷甲征程　　　　　　　　　　　　136

英超风云　　　　　　　　　　　　140

征服西甲　　　　　　　　　　　　143

文学大家　　　　　　　　　　　149

拉丁美洲的良心——爱德华多·加莱亚诺　151

生平　　　　　　　　　　　　　　151

原著片段赏析　　　　　　　　　　155

短篇小说之王——奥拉西奥·基罗加　　165

生平　　　　　　　　　　　　　　165

原著片段赏析　　　　　　　　　　169

魔幻现实主义大师——胡安·卡洛斯·奥内蒂　177

生平　　　　　　　　　　　　　　177

原著片段赏析　　　　　　　　　　181

参考文献　　　　　　　　　　　　190

旅游美食

旅游胜地

　　沿着 16 世纪西班牙殖民者的路径，从南美大陆的东南端溯流而上，会看到一个宽阔的河口。在这里，两条清澈的河流千里迢迢赶来赴约，以拉普拉塔这个悦耳的名字作为谢幕礼，如叶落归根，奔流入海。

　　就在这条大河的东岸，有一座外形宛若一枚宝石的国家，大自然赐予了它丰富的紫水晶资源和如诗如画的海岸线，让它在这尘嚣中悠然自得、不卑不亢地生长，活出了自己的奇迹与魅力。世人称它为"钻石之国"，还为它戴上了"南美瑞士"的桂冠，它就是乌拉圭。[①]

　　乌拉圭有玫瑰簇拥生长的首都蒙得维的亚，也有适宜休养生息的海滨小城埃斯特角城，还有记载着世界文化遗产小镇的科洛尼亚，风景各有千秋，犹如三位风格迥异的女郎，或热烈而奔放，或文静而沉着，或古朴而优雅，她们吸引着世界各地旅人的目光，无

---

① 《南美瑞士，钻石之国，世界杯诞生地，南美洲第二小国家——乌拉圭》，"地图看世界" www.sohu.com/a/239115408_100023059。

3

数游客蜂拥而至，只为一睹其芳容。

"玫瑰之城"蒙得维的亚

作为乌拉圭的首都，港口城市蒙得维的亚拥有发展旅游业得天独厚的条件。一方岬角，守望南大西洋，它有着天涯海角的孑然独立与逍遥自在；与布宜诺斯艾利斯一衣带水，隔海相望，润物细无声中它汲取了"南美巴黎"的浪漫气息与人文情怀。这里四季如春，温暖宜居，玫瑰争艳，竞相开放。夜幕下灯火摇曳，晚风习习，街道旁一朵朵玫瑰娇艳欲滴。行人不慌不忙，侧耳聆听，王尔德笔下夜莺婉转动听的歌声空灵悠远。童话般的蒙得维的亚无可争议地成了南美洲最美丽的城市之一。

蒙得维的亚历史悠久，可以追溯到西班牙殖民统治时期。如今的城市传统与现代并举，既保留着西班牙殖民统治时期建筑风格的旧城区，①又有高楼林立、鳞次栉比的新城区。两个城区风格迥异，却又不失协调地融合在这座城市里，让人在旧时光里自在独行、追忆过往年华的同时，又能及时追赶现代的步伐，融入高科技时代的快节奏生活里。

老城区的中心是宪法广场，又叫马蒂斯广场，为纪念1812年加的斯西班牙宪法而得名。城中随处可见西班牙殖民统治时期和独立时期建筑的影子，街边矗立着各种不同主题的博物馆，正是游客

①根据音译，又被称作"别哈城"。

4

的主要聚集地。

在广场附近，最引人注目的是一座久经风雨侵蚀、历经百年沧桑的建筑，它是西班牙殖民统治时期的国会宫。1804 年，西班牙依靠它管辖自己的殖民区，因此，宫殿见证了这个国家许多重大历史事件的发生。在国会宫里召开过推动第一个联合政府诞生的会议，签署过 1830 年宪法，这也曾是乌拉圭外交部所在地，是殖民与独立历史的标志与象征。1958 年后，国会宫作为蒙得维的亚市历史博物馆向公众开放，展品反映了这座城市数百年的历史沉浮，同时也在推动蒙得维的亚文化艺术教育的发展上发挥着举足轻重的作用。

装饰艺术博物馆坐落于 5 月 25 日大道 376 号，它的前身是艺术家奥尔蒂斯·德·塔兰科的住所，因此这座博物馆又被称为塔兰科宫。在这座辉煌的建筑里，曾经签署了 1979 年蒙得维的亚法案，当时通过教皇调解，解决了阿根廷与智利在比格尔海峡①问题上的领土争端。如今馆中藏有 2 000 多件展品，从多梅尼哥·基尔兰达约，②到索罗拉、③戈雅、④委拉斯开兹，⑤以及荷兰油画大师

---

① Beagle Channel，比格尔海峡，为纪念达尔文所乘游轮"比格尔号"而命名，位于南美洲南端火地岛岛群。自 19 世纪 40 年代起，这里是智利和阿根廷领土争端的中心。1985 年 5 月 2 日，领土争端正式平息，三座岛屿划归智利。
② Domenico Ghirlandaio（1449—1494），意大利弗罗伦萨画家。
③ Joaquín Sorolla（1863—1923），西班牙印象派画家。
④ Francisco José de Goya y Lucientes（1746—1828），西班牙浪漫主义画家。
⑤ Diego Rodriguez de Silva y Velázquez（1599—1660），西班牙塞维利亚画派代表人物。

范·德·赫斯特，此外还有马里阿诺·本柳雷①的雕塑作品，亦有罗马时期的考古文物、法国国王的家具器皿。众多艺术品琳琅满目，为艺术爱好者奉上了一份饕餮盛宴。

沿着 5 月 25 日大道继续走，就来到了前哥伦布时期与土著艺术博物馆，顾名思义，该博物馆展现的是在哥伦布到达美洲即发现新大陆之前，于这片尚未开化的土地上滋养出的印第安人艺术与考古文物。自 1890 年加泰罗尼亚企业家埃米利奥·瑞斯投资建立后，在历史长河中，这里曾是银行总部，也曾是政府的办公大楼、国防部会所，直至 2004 年，这座建筑才被注入新的血液，化身考古艺术博物馆，展现于世人面前。对于乌拉圭人而言，这座博物馆不仅为研究早期艺术、土著居民的生活方式提供了依据，更是一座将人类的今天与昨天联系在一起的纽带，它提醒着人们在追逐梦想的同时，勿忘祖先世世代代留下的馈赠。

继续向南，就来到了角落街。这里最为著名的便是 1972 年安第斯山脉坠机事故纪念馆。1972 年，一架载有 29 名乌拉圭橄榄球队队员的客机在飞往智利圣地亚哥的途中不幸于安第斯山脉坠毁，其中 16 名幸存者凭借着超凡的毅力与对生存的渴望在雪山中度过了绝望的 72 天。他们团结、友爱、互助，不惜冒着个人的生命危险去挽救同伴。博物馆中展出了大量珍贵的史料，如照片、文件、个人物品，甚至还有飞机残骸，参观者可以身临其境，体会在冰天

---

① Mariano Benlliure（1862—1947），西班牙现实主义雕塑家。

雪地里苦寻一线生机的执着与坚强，感人肺腑，震撼人心。

这条街上还有一座乌拉圭国家历史博物馆，国家历史博物馆于1838年建立，成了乌拉圭国家认同感与凝聚力的象征。博物馆虽名为"馆"，实际上是由多栋建筑所组成，而这些建筑正是乌拉圭国家历史上重要人物的故居。在这组建筑群中展出了乌拉圭建国进程中重要的典籍、影像资料、美术品等，通过具象的物件标记出建国大业中一次次里程碑事件，从而构建起乌拉圭作为一个独立国家屹立于世界之林的光辉图景，同时还展现了在这片钟灵毓秀的大地之上发育的丰富多彩的文化成果。

除了小而精的博物馆，老城区凭借其悠久的历史积淀，还留下了许多大浪淘沙后更显其珍贵的古建筑，比如各式教堂、歌剧院，等等。

就在宪法广场附近，一座神圣肃穆而熠熠生辉的大教堂映入眼帘，作为蒙得维的亚市最主要的天主教大教堂，在西班牙语中它又被叫作"Iglesia Matriz（主教堂）"，而马蒂斯广场之名便来源于此。教堂自1740年便屹立于此，半个世纪后建筑师托马斯·托里比奥将它改建为一座新古典主义的石质建筑。19世纪初，教堂被神圣化，直至19世纪中期，出生于瑞士、求学于意大利的建筑师贝尔纳多·庞西尼才赋予了教堂而今的模样。1897年，教皇莱昂十三世将蒙得维的亚的天主教堂确立为主教堂，从此奠定了它在乌拉圭天主教中神圣无上的地位。教堂中陈列着无数精美的艺术品，在一侧的祭坛上供奉着乌拉圭守护神圣母三十三的画像，圣母仁慈贞洁，微笑观望着前来祈祷礼拜的虔诚教民。

除了天主教教堂，蒙得维的亚市内也有一座英国新教教堂，它的历史虽不及主教堂那么悠久，但由于其非天主教的色彩，也给这里增添了一分宗教的多样性。在内战①期间，乌拉圭聚居了许多外国人，其中很大一部分人是新教徒，为了践行他们的宗教仪式，1844年，他们集体向政府倡议建立一座新教教堂。教堂采用古罗马式经典的列柱与墙体，因此其外表酷似罗马的万神庙。这样一座欧洲气息浓厚的教堂，虽然经受住了纷飞的战火，却没能阻挡住城市大变革的脚步。1934年，为了建造南边大道，不得不将这座新教教堂拆除，后来为了再现历史记忆，政府在原址建造了一个复刻版教堂，基本保留了教堂原来的风格。

作为一座古典艺术与现代风格并存的城市，歌剧院也是一道必不可少的风景线。索利斯剧院是乌拉圭最主要的剧院之一，它于1856年向公众开放，能容纳1 500名观众。作为该市最为古老的建筑物之一，索利斯剧院也见证了这里150多年动荡的历史。从1840年开始构思，到1856年竣工，剧院建造的年代几乎与乌拉圭内战时间重合。生逢乱世，人心动荡，建筑方案一次次提出，又一次次

---

① 乌拉圭内战，1839—1851年，又称第二次乌拉圭战争、蒙得维的亚围城战。1825—1828年巴西、阿根廷争夺乌拉圭的战争结束后，乌拉圭取得独立。1839年，阿根廷布宜诺斯艾利斯省省长胡安·曼努埃尔·德·罗萨斯的军队在乌拉圭白党支持下攻入乌拉圭。乌拉圭红党得到法国海军和阿根廷国内反罗萨斯势力的支持。1843年2月，罗萨斯和乌拉圭白党的军队包围蒙得维的亚。乌拉圭红党军队在法国、意大利、西班牙等国志愿人员援助下坚守该城。1851年，巴西出兵支持红党。10月，罗萨斯和乌拉圭白党战败，蒙得维的亚包围解除。

被弃用，历经多番周折，才形成了索利斯剧院的最终面貌。这也使得索利斯剧院毋庸置疑地成了蒙得维的亚以及乌拉圭最重要的建筑物之一。

这座剧院的不远处便是整个蒙得维的亚的中心——独立广场，广场将新旧两个城区连接起来，向西是5月25日大道，向东则是7月18日大道，这条大道因纪念1830年7月18日乌拉圭首部宪法的诞生而得名，是整个城市商业的主动脉。独立广场内总共种植了33棵棕榈树，以此象征参与了乌拉圭解放事业的33位历史人物。

矗立于独立广场中央的便是"独立之父"阿蒂加斯的雕像。阿蒂加斯将军一生戎马倥偬，为乌拉圭解放事业呕心沥血，1852年，斯人已逝，为了纪念他的丰功伟绩，乌拉圭人民竖立起这座威严壮丽的铜像，其中将军披坚执锐、身骑战马，其英勇豪迈之风显露无遗。雕像底座上刻有青铜浮雕，展现了乌拉圭人民争取解放期间追随将军大迁徙的历史场面。雕像之下是阿蒂加斯将军的陵墓，中央摆有其棺椁供人瞻仰。

广场的西侧是乌拉圭著名的古迹"城堡之门"，18世纪时，西班牙人为了加强地面防御，便建造了一座军事堡垒，城堡之门便是当时固若金汤的城墙的遗迹。如今，城堡之门既是通往老城区的门户，也是蒙得维的亚市的标志，是一处重要的历史景点。

广场南面有两座建筑毗邻而立，一座是行政楼，即总统办公室所在地；另一座是埃斯特维斯宫，也叫独立大楼，直到1985年，这里一直是乌拉圭的总统办公楼，随后政府迁至如今的行政楼，这里便被改造为乌拉圭总统博物馆，同时也保留了一部分行政功能，例如签订仪式、总统权力交接等。

广场的东部便是夺人眼球的萨尔沃宫，它位于 7 月 18 日大道与独立广场交会处。萨尔沃宫高 100 米，共有 27 层，自 1928 年建成至 1935 年，它一直是南美洲最高的建筑，之后便被阿根廷的卡瓦纳大厦所取代。有趣的是，在阿根廷还有一座由同一位建筑师设计的、风格近似的"姊妹楼"，叫作巴洛罗宫。

新城区内最为著名的博物馆毋庸置疑是乌拉圭足球博物馆。乌拉圭作为世界顶级足球强国之一，有着悠久的足球发展史，也在足坛上创下过不可磨灭的辉煌战绩，100 多年里先后获得了两届奥运会冠军、两次世界杯冠军和 15 次美洲杯冠军。早在 1881 年，乌拉圭便成立了足球俱乐部。20 年后又创立了足球协会，乌拉圭足球进入新的发展阶段。为了庆祝独立 100 周年，乌拉圭申请在 1930 年承办全球第一届世界杯足球赛，并为此建造了百年纪念体育场，又名世纪体育场。1983 年 7 月 18 日，国际足联将百年纪念体育场定为"世界足球历史建筑物"，这是世界上唯一拥有这一头衔的建筑。乌拉圭足球博物馆就坐落在这座体育场之中，馆内陈列着球衣、奖杯、照片、国旗等展品，展现了百年纪念体育场的建造过程，以及乌拉圭在历届奥运会和世界杯比赛中的精彩表现，让游客直观地了解这个国家璀璨的足球历史。

除了足球博物馆之外，新城区另外一座具有历史意义的建筑物便是宪法方尖碑，它建于 1938 年，既为了纪念乌拉圭第一部宪法即 1830 年宪法诞生 100 周年，同时也为了向当时的宪法起草者致敬。方尖碑高 40 米，主要由青铜和花岗岩组成，远看像一座直冲云霄的三棱锥。碑的西面雕刻着一段致辞，献给伟大的宪法起草者。碑体的 3 面共有 3 座青铜雕像，代表着法律、力量和自由。在方尖碑旁边还有一座六边形的喷泉，喷泉的一边刻着向宪法起草者致敬的金融机构的名字。

在 7 月 18 日大道 1360 号，坐落着蒙得维的亚的市政厅。市政厅矗立在一座山峰之上，因此从城市的很多地方都能看到这座居高临下、气势逼人的建筑。市政厅最初的设计方案是建造一座高 114 米的行政大楼，按计划竣工后会成为蒙得维的亚最高的建筑物，然而因为经费不足，建筑最后仅有 78 米高，低于 100 米的萨尔沃宫，成为蒙得维的亚第二高的建筑。市政厅作为一座行政机关，非但没有令人望而生畏的庄严肃穆之感，甚至热情地敞开怀抱，迎接来客。其中的观景平台对外开放，参观者可以在这里俯瞰城市全景。

值得一提的是，在蒙得维的亚这样一座充满着欧洲文艺气息的城市，市政厅也担负起了展示文化与艺术的功能。建筑以西部分自立门户，成了蒙得维的亚市的美术历史博物馆。博物馆里陈列着琳琅满目的工艺品，有乌拉圭文化的典型代表作品，如哥伦布到达美洲之前的艺术和乌拉圭本土的考古艺术，也有来自世界其他艺术之都的复制品，甚至还有埃及的木乃伊，展示了蒙得维的亚独特的文化意象。馆内有不同的分区，是世界艺术的荟萃之地。美索不达米亚平原上孕育的艺术，也有人类文明的滥觞——希腊、罗马、印度等的代表性作品，也有东南亚、伊斯兰教文化的艺术结晶。从非洲艺术品，到玛雅及危地马拉地区的纺织品，再到日本武士道的军刀武器，世界各地的艺术品在这里相聚，产生了令人心驰神往的奇妙反应。

在7月18日大道1000号，有着一座非同一般的新生博物馆。之所以说它非同一般，是因为它的创立者是乌拉圭东岸共和国银行，为了挽留乌拉圭本土的历史文化，1978年，银行特地开辟出一片区域，命名为"高乔文化和钱币博物馆"。

沿着蒙得维的亚南部的兰布拉大道，便可到达南部海滨地带，这里最重要的一个景点便是卡莱塔斯角，又叫布拉瓦角，它是乌拉圭南部的一个半岛，被海风拥于怀中，也成为欣赏海景的绝佳之地。漫步于海滨大道，感受海风的轻抚，清新湿润，带着若隐若现的花香，沁人心脾。在这里也能欣赏到不同于悠闲恬静的老城区、发达现代的市中心的另一番风韵。

在兰布拉大道上，最别具一格而令人耳目一新的当属皮特米里奥城堡。温贝托·皮特米里奥是乌拉圭的建筑师和工程师，他的父母都是意大利人，因此他的建筑作品中大都带有西欧建筑色彩，比如意大利典型的彩色玻璃窗体。温贝托原名为Umberto，在他投身于炼金术之后，便将名字改为Humberto 8个字母，因为字母H和数字8在炼金术中分别代表了"炼金术始祖赫尔墨斯"与"人的灵魂和精神"。

1910 年，温贝托以低价买下这处房产，之后就一直在不断地对它进行修改、重建，直到 1966 年去世。这项执着而伟大的工程也随之停滞，唯有一座半成品供世人瞻仰。1996 年，乌拉圭私人建筑促进者协会暂借这座建筑的使用权，将其作为协会的会址，负责建筑的翻修和保护，同时划定博物馆区域来接待游客。乌拉圭私人建筑促进者协会的租借到期后，2015 年，乌拉圭女子共济会将建筑产权划入自己名下，期限 20 年。

如今，任游客的想象天马行空，也难以推知城堡应有的全貌，因为皮特米里奥的这座城堡没有任何一种确切的风格可以描述，尽管它含有中世纪色彩以及文艺复兴时期的特点，然而它不落窠臼，自成一派，其艺术特点复杂而别致，尚未有词语能将其归类。

城堡临街的一面，胜利女神在凸出的飞檐上张开双翼，迎风仁立，英姿飒爽。这座雕塑名为 "La victoria de la vida"，意为 "生命的胜利"，雕塑下面的飞檐设计成船头的模样，寓意 "生命如航行"，船与水又密切相关，因此又暗示了炼金术中的一种冶金方式——湿法炼金。①尽管这座胜利女神像只是一座复制品，但其雄姿与神态丝毫不逊于仁立于法国巴黎卢浮宫的原作，这也赋予了皮特米里奥城堡在兰布拉大道上的标志性意义。

城堡因其风格的迥异与神秘而成为许多神话传说的素材，有人

---

① 湿法炼金或湿法冶金是利用浸出剂将矿石、精矿、焙砂及其他物料中有价金属组分溶解在溶液中或以新的固相析出，进行金属分离、富集和提取的炼金技术。由于这种炼金过程大都是在水溶液中进行，故称湿法炼金。

说城堡中曾保存着耶稣的圣杯，甚至还目睹过酒神的狂欢和魔鬼撒旦的仪式；还有人说曾看到建筑师温贝托深夜身着红袍在兰布拉大道上散步，街坊邻居对此惊骇不已，望而生畏。魔幻的神话故事给这座永远无法竣工的城堡披上了一层更为神秘的面纱，勾起了无数游人的好奇心，渴望亲身游历，一探究竟。

皮特米里奥城堡占地1300平方米，共有23个高度不一的塔楼和54个房间。最高的塔有45米，顶端是指引方向的罗盘玫瑰，而玫瑰的顶端是一把圣殿骑士团的剑，剑指乌拉圭东部城市马尔多纳多的皮特米里奥城堡。位于马尔多纳多的皮特米里奥城堡是同名建筑师的另一个作品，位于该市的拉斯弗洛雷斯海滨浴场，城堡掩映在茂盛的森林中，是建筑师的夏季避暑胜地。这座城堡同样蕴含着炼金术色彩，体现着建筑师毕生的追求。在城堡内部，有一座巨大的花园，其中摆放着许多种类的动物雕像，还有一些神秘莫测的标志，在花园深处是张开双臂的耶稣基督像，寓意着无忧无虑的天堂。

城堡内部更是各种文化意象的大熔炉，有神秘的炼金术文化，也有庄严的圣殿骑士文化，还有基督教派、玫瑰十字教派和共济会等标志，甚至还有东方佛教的曼荼罗。除了各式各样的标志寓意，城堡内多处设计更是怪诞奇异。室内空间逼仄，房间形状各异，从圆形、方形到六边形、八边形，甚至每一块木材的形状、颜色、高度、摆放方式都不尽相同。在这座城堡里，竟然共有33扇门，然而并不是所有的门都是真实的门，许多仅仅起装饰作用，门背后实际上空无一物。而走廊更是千奇百怪，像一棵棵被拦腰截断的大树，悬在半空，岌岌可危。城堡的底层有一间圆形的房间，透过窗户可以近距离的欣赏海滨之景，让这里成了整座城堡中最接近现实的地方；而大海无边无际，给人一种虚无茫然之感，又让此地距离现实更加遥远。

除了有独特文化意象的皮特米里奥城堡，海滨还有一座现当代反战反种族清洗的艺术品——犹太人大屠杀纪念碑，它位于卡莱塔斯角海滩，以一堵 120 米长、与大道相平行的墙代表"二战"中犹太民族遭受的惨绝人寰的暴行。这座纪念碑自从 1994 年落成后便获奖无数，被誉为"拉丁美洲最伟大的作品之一"。

作为海滨地区，灯塔无疑是为航船指明航向的最重要建筑物，而拉普拉塔河河岸的布拉瓦角灯塔便在这里日复一日、年复一年地散发着光与热，见证了潮涨潮落、沧桑变迁。自 1876 年起，布拉瓦角灯塔便守望在这里，指引着渔船驶入各个港口。1948 年以后，灯塔每 10 秒钟便会插入一道白光和一道红光来与其他灯塔区别开来。由于灯塔在航运业中发挥的不可磨灭的作用，2000 年时，乌拉圭邮政局发行了价值 5 比索的邮票，用以纪念这座伟大的航海建筑。

如果提到世界贸易中心，我们自然而然想到的便是位于美国曼哈顿岛上的双子大楼，而在蒙得维的亚的海滨地带，同样也有一座世界贸易中心，它与蒙得维的亚购物中心相邻，构成了兰布拉大道上最夺人眼球的摩天大楼。

乌拉圭南部地位最高的博物馆当属国家视觉艺术博物馆。1837年建立了乌拉圭最早的国家博物馆，1911年，国家博物馆被分为三部分：国家美术馆、国家自然历史博物馆和国家档案馆，以及历史博物馆。当时的国家美术馆位于老城区索利斯剧院的左侧，一年后便将地址迁到了如今罗多公园附近。后来国家美术馆又被改造为国家造型艺术博物馆，也就是今天的国家视觉艺术博物馆。馆藏6 000多件艺术品，主要来源于乌拉圭本土艺术家，比如拉法埃·巴拉达斯、佩德罗·费加里等，也有一部分欧洲知名艺术家的作品，如毕加索、戈雅、保罗·科里，①等等。

　　国家视觉艺术博物馆附近最值得一提的自然就是罗多公园了。公园更像是一座游乐场，其中有旋转木马、过山车等游乐设施，还有人工湖和特色美食区，其中最具标志性的是过山车和幽灵火车。起初，罗多公园名为"城市公园"，后来为向乌拉圭伟大的散文家、哲学家何塞·恩里克·罗多致敬，公园便改为此名。罗多在其文学生涯中对散文风格的革新影响到了整个文坛，他在乌拉圭乃至整个拉丁美洲史上都有着举足轻重的地位。19世纪末，古巴战争爆发，拉丁美洲人民的尊严意识逐渐觉醒。1900年，罗多出版了代表作《爱丽儿》，爱丽儿是莎士比亚戏剧《暴风雨》里的一个角色，罗多用它来严厉抨击美国在拉丁美洲的殖民扩张行为，将美国

---

① 保罗·克里（Paul Kless，1879—1940），瑞士现代派画家。

描绘成野蛮贪婪的"半人半兽"。①罗多的思想在拉丁美洲国家广为流传，激发了这一地区的反美主义思潮。罗多的笔触精致高雅而富有诗意，具有现代主义色彩，深刻体现了世纪交替时拉丁美洲人民的焦虑与惶恐，是对于那个时代彷徨而迷茫的人们声嘶力竭的呐喊。同时，一个新的意识流派"爱丽儿主义"也在这片土地上风生水起，它反对英美资本主义国家中暗流涌动的效益主义，而倡导以纯粹的目的欣赏古希腊罗马文化的灿烂遗产。

在绿树成荫的草坪上，建有好几座人物雕像，其中最引人注目的无疑是何塞·恩里克·罗多。除此之外，还有剧作家弗洛伦西奥·桑切斯，竞技者喷泉。最值得一提的是1985年落成的孔夫子的雕像。矗立在地球的另一边，孔夫子微微躬身，两袖飘逸，双手朝前呈作揖状，体现了中国传统文化中虚怀若谷与谦逊待人的君子风范。

1985年，中国台湾同胞将这座雕像赠予蒙得维的亚，雕像落在了蒙得维的亚最为重要的罗多公园。雕像的大理石基座上镌刻着孔夫子的名言："有教无类"和"道贯古今"。基座的侧面镌刻的是孙中山先生的手迹，是中国传统经典《礼记》中广为人知的《大道之行也》："大道之行也，天下为公……"纵使乌拉圭与中国相距天涯之远，两国的友谊一直在延续着，中国的传统文化也在乌拉

---

① 孙若彦：《拉丁美洲反美主义的发展阶段和内容》，山东师范大学学报（人文社会科学版）2012年第57卷第6期。

圭得到了推广与发扬。

蒙得维的亚的北部虽然没有旧城区的典型风格建筑，也没有新城区的血脉贲张和海滨地带的清爽宜人，但它凭借绿草如茵的公园吸引了众多游客来此休憩。

在危地马拉 1075 号街道上，一座高达 158 米的通信塔成为行人目光的焦点。通信塔主体建筑之上是一个类似于椭圆 1/4 的形状，如同一柄刀刃刺入云霄。作为乌拉圭全境最高的摩天大楼，它居高临下地俯视着这座城市，无论是阡陌交错，还是车水马龙，一切都尽收眼底。

普拉多公园位于蒙得维的亚普拉多区内，地势开阔，自然风光秀丽壮美。这里最为著名的当属玫瑰园，建园初始，这里便栽种了1.2 万多株自法国移植来的玫瑰花，现在园内拥有 300 多种玫瑰花，阿尔贝里克、①希灵登夫人、②路易・菲利普③等品种，各类品种竞相开放、争奇斗艳。玫瑰园的中央是一座青铜喷泉，泉水如镜般清澈晶莹；外围 8 条小路以喷泉为中央向四周呈放射状延伸开去，沿路尽是一束束娇艳欲滴的玫瑰，低眉浅笑，窃窃私语；喷泉周围矗立着 20 根圆柱，与喷泉相得益彰，营造了复古怀旧的氛围。而玫瑰花妩媚妖娆地攀上了花架，使得游人一不小心就要掉入这里浪漫而多情的陷阱，于是人们也将这里称作"情侣花园"。

---

① 白玫瑰的一种。
② Lady Hillingdon，黄玫瑰的一种。
③ Louis Philippe，红玫瑰的一种。

除了童话般的玫瑰园，普拉多公园里还有乌拉圭企业家布塞达尔的私人别墅、塞浦路斯小岛、乌拉圭农村协会①会馆等景点值得一看，而最具历史意义的当属普拉多酒店。

普拉多酒店 100 多年前是贵族的享乐之所，也是新婚夫妇度蜜月的不二之选。那时这里夜夜笙歌，歌舞升平，有权有势的人聚在这里品茶、赌博，普拉多酒店俨然成了贵族阶级的忘忧岛，甚至还有资料记载，英国国王爱德华八世②也曾造访此地，真相我们无从考证，但普拉多酒店的名声不胫而走。酒店周围有一座喷泉，名叫"科迪埃尔喷泉"，这座喷泉曾经是市中心独立广场上的建筑物，而后被迁移至此。喷泉的中央是三个女性人物雕像，四周围绕着乌拉圭本土的野生动物，象征着拉普拉塔河及其两条支流（巴拉圭境内支流与乌拉圭境内支流），也寓意着拉普拉塔河流域作为文明的滥觞，哺育了南美这片广袤的大地，生生不息，钟灵毓秀。

除了前文提到的科迪埃尔喷泉中央的雕塑，公园中还有另外两座承载着历史印迹的雕塑作品。一座是乌拉圭雕塑家贝洛尼的作品——驿车纪念雕像，雕像生动展现了乌拉圭历史上第一次使用马拉驿车作为交通工具的景象。雕塑中的骑手正振臂指挥 5 匹健马将深陷泥沼的驿车奋力拉出，而马车蓬下，一位母亲神情忧虑，将孩子紧紧搂在怀中。整座雕像与实物的比例完全一致，创造了身临其

---

① Asociación Rural del Uruguay，乌拉圭农村协会，乌拉圭农产品的主要集散地。
② 英国国王爱德华八世，温莎王朝的第二位国王，退位后被封为温莎公爵。资料记载其造访普拉多酒店是在 1925 年，时为威尔士亲王，即英国王储。

境、极具震撼力的观感。

　　另一座雕像则更发人深省，它的背后是一段骇人听闻却言之凿凿的真实经历。1830 年，弗鲁克图奥索·里维拉[1]即位，成为乌拉圭共和国历史上第一位总统。在位期间，他深信阻碍如朝阳冉冉升起的共和国发展的正是乌拉圭的原住民查鲁亚人，一年后，在萨尔西普埃德斯河边，他指挥军队对这些无辜的土著民进行了惨绝人寰的大屠杀。在这场屠杀中，40 多人死于非命，300 余人被俘虏。1832 年，这些无奈上天摆布的查鲁亚人被驱逐到 300 公里外的蒙得维的亚，他们徒步跋涉到那里，迎接他们的却是与死亡不相上下的残酷命运。人们把他们当作商品贩卖，他们的生活卑贱而凄凉，以至于很多人被折磨致死。

　　当时，考虑到查鲁亚人已经濒临灭绝，一位学校教师提议将 4 个典型的查鲁亚人送到巴黎去做展览和人种研究。他们选中了一位查鲁亚部落酋长、一位法师、一位年轻战士和一位孕妇，组成的这个展览队伍被命名为"最后的查鲁亚人"。[2]

　　1988 年，一座同名雕塑被安置在了普拉多公园，上面镌刻着后代居民对他们祖先的缅怀与敬意，[3]直至今日，种族的交融与土著

---

[1] 弗鲁克图奥索·里维拉（Fructuoso Rivera， 1784—1834），乌拉圭政治家、军事家，1830—1834 年担任乌拉圭首任总统；之后于 1839—1843 年、1853—1854 年两次担任乌拉圭总统。

[2] 土著民介绍网站，https://pueblosoriginarios.com/textos/charruas/charrua1.html。

[3] 雕塑基座上刻有 "Primer encuentro nacional de descendientes de indigenas en homenaje a sus ancestros"，意为"土著居民后代的第一次国内会面，以此纪念其祖先"。

民的发展问题仍然值得人们深思。

在这座公园里，还有一座著名的个人专题博物馆——胡安·曼努埃尔·布拉内斯博物馆。胡安·曼努埃尔·布拉内斯与何塞·玛丽亚·贝拉斯科、[①]普里利迪亚诺·普埃雷东[②]并称为 19 世纪伊比利亚美洲绘画"三杰"。馆内陈列的胡安·曼努埃尔·布拉内斯最为著名的画作是《阿加蒂斯将军》，除了画家的成名之作，馆内还陈列着他在创作期间的草图和半成品。[③]布拉内斯的作品主要以歌颂阿加蒂斯将军为题材，风格雄浑，技艺精湛，色调明快。

值得一提的是，在公园深处，有一座由日本政府捐赠的微型日式花园。门楣上是时任日本首相的小泉纯一郎书写的"平成苑"三个字。[④]花园里精致种植着各色花草，生动再现了日式园林的风格，小桥流水、亭台楼阁、绿树葱茏、鸟语花香，吸引着看惯了欧式建筑风格的游客。

从罗多公园的孔子雕像，到普拉多公园的日式花园，都反映出了乌拉圭与东方国家的深厚友谊，以及它深受东西方文化交融的影响，蒙得维的亚仅仅是一个缩影。它在欧洲文明遗产的哺育中，在东方文化传统的熏陶中，渐渐形成了自己独一无二的特点，成为一个具有独特魅力的国际都市。

---

① 何塞·玛丽亚·贝拉斯科（1893—1979），墨西哥画家。
② 普里利迪亚诺·普埃雷东（1823—1870），阿根廷画家。
③ 《探访乌拉圭布拉内斯博物馆》，中国文化报 2014 年 4 月。
④ 余熙：《约会乌拉圭：南美瑞士的闲适故事》，世界知识出版社 2011 年版。

"疗养胜地"埃斯特角城

埃斯特角城，又名"东角"，是乌拉圭南部一座海滨城市。作为乌拉圭最著名的旅游小城，埃斯特角城坐落在伸入大西洋的狭长半岛上，拥抱着天涯海角，像是大自然造就的一枚棋子。由于怡人的气候、清新的环境，埃斯特角城成了驰名南美的旅游疗养胜地。

从世界各地千里迢迢赶来的游客，绝对不会错过埃斯特角城闻名遐迩的人民之家，因其外表通体雪白，又被称作"白房子"。这座建筑物风格荒诞，线条如海浪般波动起伏。从外至内没有一条平直的线条，全部曲折怪异，犹如一座错综复杂的迷宫。更令人惊诧的是，这座建筑没有任何的设计图纸，而是由建筑者随想随建，完全是其个人的随性发挥之物。

这样一座标新立异的建筑物是乌拉圭艺术家卡洛斯·帕耶斯·毕拉罗于20世纪60年代设计并建造的，这位异想天开的艺术家利用La Pionera海岸边弃置的木板盖起了房子的雏形，然后仿照地中海岸圣托里尼岛上的白色建筑群，将整座建筑刷得干净雪白，一尘不染，如同埃斯特角城悬崖之上的摆渡船，任由大西洋巨浪滔天，汹涌澎湃，它始终安静地守候在这片净土之中，肃穆而沉着地宣读尘世间所有善恶好坏的最终审判。

人民之家曾经是帕耶斯·毕拉罗的避暑别墅和画室，艺术家在这里生活起居，孜孜不倦地工作，并在此地平静而安详地度过了人生最后的一段时光。这座建筑还接待过众多文艺界的翘楚，甚至政治界的显要，比如智利女作家伊莎贝尔·阿连德，①外交官梅赛德斯·文森特，性别学家玛丽埃拉·卡斯特罗等。

在1972年那场安第斯山脉坠机事故中，艺术家帕耶斯·毕拉罗的儿子正是当时的16名幸存者之一，画家在这座建筑里同样以自己的方式表达了对他凭借个人毅力与意志顽强生存下来的感激与敬佩。

建筑总共有上下三层，还有一座伸向大海的露台，世界上最为湛蓝的两样东西——天与海——在这里相遇。傍晚时分，低调的云层拦不住晚霞的热情，落日的余晖为大海披上金光闪闪的衣纱，而艺术家坐在露台之上，手中是一杯温热而浓醇的咖啡，他悠闲洒脱地陷入沙发中，目光眺望着触手可及的海浪与晚霞，大自然的宝藏尽数落入他怀中，所有的灵感与创意在那一刻无声地迸发，所有的自由与潇洒在那一刻随海燕冲破云霄。而他，融入了这一片海天相接的蓝色中，融入了昏晓相割的金色中，与苍茫的大地浑然一体。

除了人民之家，全球游客必游之地还有巴布罗·阿丘加里基金会公园。公园占地30多公顷，青翠欲滴的草坪之上坐落着大小不一、姿态各异的建筑；湖水碧波荡漾，与蓝天交相辉映，又使得这里与自然相交，多了几分来自大自然的亲切感。巴布罗·阿丘加里是乌拉圭当代雕塑艺术家，2007年，他创立了同名的非营利性基金会，将自己在埃斯特角城的工作室改造为会址，基金会的创立旨

---

① 伊莎贝尔·阿连德（Isabel Allende, 1942—　），拉丁美洲文学爆炸中的唯一一位女性作家，著有《幽灵之家》《佐罗》等，被誉为"穿裙子的马尔克斯"。

在为艺术与自然搭起沟通的桥梁，同时促进埃斯特角城文化与艺术的传播与发扬。基金会建筑共有三个展厅，其中展出了世界上许多知名艺术家的作品；除了展厅，还有一个大礼堂和一座露天舞台，每年夏季（12 月至来年 2 月），基金会都会组织一系列的文艺活动，比如音乐会、流行音乐会、芭蕾舞表演等，吸引各地游客前来消夏。除了展览与表演，公园里还有一个教室用于开设雕塑、油画和陶艺课程。基金会所有的设施都进一步拉近了人民与艺术的距离，鼓励踟蹰不前又渴望一探究竟的人迈开第一步，叩响艺术殿堂神圣庄严而又殷勤好客的大门。爱好建筑的人还可以前往比佛利山城区的拉里博物馆，那里也展出了各种现当代的青铜、大理石雕塑作品，艺术与自然的融合汇聚成一股神秘的力量，令众多雕塑爱好者流连忘返。

乌拉圭邮政局曾于千禧之年发行了价值五比索的邮票，来向守望拉普拉塔河河岸的布拉瓦角灯塔致敬。而在埃斯特角城也有一座灯塔获此殊荣，被永恒地留在了 2000 年的另一张纪念邮票上。埃斯特角城灯塔位于大西洋沿岸，建造于 1860 年，比布拉瓦角灯塔还要早 10 多年。这是一座圆锥形的石砌灯塔，高 25 米，它的特点在于顶部的白色建筑上缀有红色的条纹装饰，给原本朴实无华、单调乏味的米白色灯塔增添了几分活泼与可爱，远远看去，只见一个高挑而健壮的巨人，头戴一顶孩童风格的帽子。

埃斯特角城灯塔不仅常年守望着辽阔的大西洋，它还远远眺望守候着对面天空一般纯洁而湛蓝的坎德拉利亚圣母①教堂。坎德拉利亚圣母起源于西班牙加那利群岛的特内里费岛，她的名字来源于西班牙语的"蜡烛"一词，寓意人们向善、救赎之路上的光明。坎德拉利亚圣母原本是加那利群岛的守护神，然而她的影响散步世界各个天主教国家与地区，包括乌拉圭、玻利维亚、哥伦比亚、古巴、墨西哥、秘鲁、委内瑞拉等国。而对于乌拉圭而言，坎德拉利亚圣母教堂是埃斯特角城最重要的天主教教堂，它坐落在狭小的半岛上，是整座埃斯特角城最为重要的礼拜堂。这座教堂风格独特，不同于一般的大教堂，它的各个立面都呈现出天空一般清澈平静的蓝色，顶部铺以低调而正统的红色砖瓦，与头顶的蓝天白云互为映衬，倒像是天堂在这片土地上的投影。

被大西洋拥入怀中的埃斯特角城，最为丰富的便是平缓柔软的海滩。细腻而柔嫩的沙滩轻抚着孩童的脚背，淡淡的海水滑过冲浪者的肌肤。埃斯特角城有两处著名的海滩：布拉瓦海滩和曼萨海滩。②布拉瓦海滩波涛汹涌，十分适合冲浪运动，海滩常年配备救生员；而曼萨海滩则相对平易近人，海浪柔和，海风温顺。海滩的特点与它们各自的名字相呼应，就像大西洋哺育的一对孪生兄弟，一个乖张而奔放，另一个谦逊而文雅，一张一弛，一动一静，在大

---

① 坎德拉利亚圣母在天主教中对应每年的二月二日，为"圣烛节"，即圣母玛利亚产后40天带着耶稣去往耶路撒冷祈祷的纪念日。

② 在西班牙语中，Playa Brava 意为"英勇的海滩"，而 Playa Mansa 意为"柔和的海滩"。

西洋的怀抱里各自生长。

布拉瓦海滩上最有名的景点是一座手指雕塑，也叫溺水者纪念碑，熟悉中国文化的人会联想到《西游记》中如来佛祖的手掌。这座名为"手"的雕塑自1982年完工后便一直是布拉瓦海滩的标志。1981年夏天，智利艺术家马里奥·伊拉雷扎巴尔在埃斯特角城参加第一届国际露天现代雕塑会议。会议规定要在公共场所设计并建造一座雕塑，而马里奥便把目光锁定在了布拉瓦海滩。这片凶猛乖戾的海滩曾经夺去过无数生命，马里奥也以此为灵感，创作雕塑来纪念遇难者，同时警醒游客。雕塑落成后，游客照片、明信片很快让这个作品传遍全球，设计师的名声也不胫而走。几年后，他又在世界其他旅游城市建造了雕塑的复制品或仿制品，比如马德里、智利阿塔卡马沙漠和威尼斯。①

相比布拉瓦海滩，曼萨海滩则更适宜人们在这里安详平静地晒日光浴。2016年，曼萨海滩上举行了纪念胡安·迪亚斯·德·索利斯②到达拉普拉塔河500周年的大型活动，再现了这位英勇的航海家率领船员抵达河口的历史场景。海岸边豪华的五星级康拉德酒店在众多酒店旅馆中脱颖而出。康拉德酒店是希尔顿旗下的酒店品牌，酒店内有拉丁美洲唯一的私人赌场，还有温泉疗养区、体育馆、夜店、购物街，是一个综合性的大型休闲会所；除了旅游服

---

① 布拉瓦海滩网站，www.playa-brava.com。
② 胡安·迪亚斯·德·索利斯（Juan Díaz de Solís），是最早进入南美拉普拉塔河河口的探险者之一。1516年2月到达拉普拉塔河河口。后遭到印第安人袭击，死于非命。

务，酒店里还配有会议厅，举行论坛、音乐会、节目表演等。

距离埃斯特角城东南方 8 000 米的海域中，有一座海狮岛，是西半球最大的海狮栖息地，有 20 多万头海狮。除了各类品种的海狮，这里还是虎鲸、鸟类的家园。1516 年，胡安·迪亚斯·德·索利斯第一次发现了这个海岛，船员对这里繁衍的众多野生动物感到不可思议，将它命名为"圣塞巴斯蒂安·德·加的斯岛"。1991 年，政府颁布法令，禁止当地居民对岛上海狮的捕杀，之后还建立起了自然保护区，以保护岛上的生态环境。乌拉圭的生态多样性也得益于人们高度的生态保护意识，参加过乌拉圭独立战争的朱塞佩·加里波第①就曾被乌拉圭遍地飞禽走兽的景象深深震撼，并赞扬说乌拉圭是"上天特别眷顾的国家"。②

1858 年，乌拉圭政府在岛上竖立了一座灯塔，以指引船只进出拉普拉塔河。灯塔高 59 米，是世界第三高和南美洲最高的灯塔，此外，它还是乌拉圭第一座靠太阳能及其他高科技发电的自动化灯塔。沿着灯塔外墙上的台阶可以登上塔顶，在这里，大西洋海岛和埃斯特角城海岸的全景尽收眼底。自建造之日起，灯塔便与天真烂漫的海狮们相依为命，守望着一望无际的大海和纯净无瑕的生灵。

埃斯特角城有一处著名的海滨区，叫拉巴拉。拉巴拉起初只是

---

① 朱塞佩·加里波第 (Giuseppe Garibaldi, 1807—1882)，意大利爱国者，红衫党领导人。

② 余熙：《约会乌拉圭：南美瑞士的闲适故事》，世界知识出版社 2011 年版。

一个小渔村，居民主要靠捕捞业和水产业维持生计，直到20世纪40年代，大城市的居民厌倦了紧张的快节奏生活，回到渔村避暑消夏，随着人口的爆发式增长，各大企业如雨后春笋般在这小渔村中拔地而起，加上各式各样的旅游景点的设立，拉巴拉愈加闻名遐迩。除了埃斯特角城各地共同的风景——海滩，拉巴拉夏季的夜生活也是这个曾经朴实无华的小渔村的一大亮点。拉巴拉桥如波浪板上下起伏的形状也吸引了众多游客的到来，这其中最为著名的便是智利诗人聂鲁达，他用诗意的诗句描写了这座弯弯曲曲的桥在粼粼水波之上闪耀的场景，就如同在河流的书卷上以混凝土写下的文字。

在1964年埃斯特角城的旅游宣传册上，其中有一页格外吸引人眼球，只见一排红褐色的建筑群，英国都铎王朝时期的建筑风格，在千篇一律的现代建筑中脱颖而出。周围是碧绿的旷野、金色的沙滩，图片角落可以看见一方清澈干净的游泳池，砖瓦上光影斑驳，让人恍惚中以为来到了欧洲的城堡。在这张似梦非梦的插图旁写有这样一句话："进入这扇门，您将开启一段做梦都不会想到的奇幻旅程。"它是埃斯特角城崛起的象征，是乌拉圭首屈一指的度假胜地，也是南美洲最负盛名的度假胜地之一——圣拉斐尔大酒店。

1948年，酒店开始接待房客，20世纪50—90年代，圣拉斐尔酒店迎来了它的黄金时代，拉普拉塔河岸众多贵族家庭汇聚于此，甚至皇室贵族、艺术名流和娱乐明星都慕名而来，夜夜笙歌，纸醉金迷。对于那个时代的人而言，圣拉斐尔酒店就代表着奢华与上等。酒店里的活动大厅甚至还举办过多次政治经济性会议，1962年冷战期间的第八次外交部长会议，1967年的美国总统会议、美洲国家组织会议等，其中知名度最高的当属1986年召开的关贸总协定乌拉圭回合第一次会议。①直至今日，全世界没有也不会忘记乌拉圭和"乌拉圭回合"在推动关税贸易谈判上做出的不可磨灭的贡献。②

然而随着1997年康拉德酒店的落成，以及21世纪初经济危机的影响，圣拉斐尔酒店的发展势头日渐式微，甚至一度面临停业的危机。现如今圣拉斐尔酒店已经被西普里亚尼酒店集团收购，期待它以另一种形式的重生。

埃斯特角城如同爱琴海边的圣托里尼岛，清澈而湛蓝的海水冲刷着它洁白而炙热的灵魂。它是居民归去来兮的港湾，是艺术家放飞思想的天堂，任熙熙攘攘人来人往，它自平静淡然独处一隅，守望着这一方天涯海角，守望着潮涨潮落的大西洋。

"世遗小镇"科洛尼亚

科洛尼亚是乌拉圭唯一的一处世界遗产，③1680年，葡萄牙人

---

① 又称"乌拉圭回合"。"乌拉圭回合"是关税与贸易总协定主持下的第八轮多边谈判，也是关贸总协定的最后一轮谈判。会议历时7年多，自1986年9月召开，至1994年4月在摩洛哥的马拉喀什结束。"乌拉圭回合"谈判的重点是货币市场的开放和知识产权的保护，会后共有123个国家签署了贸易自由化协议，同时决定将关贸总协定更名为世界贸易组织。
② The Uruguay Round, World Trade Organization.
③ 1995年，科洛尼亚小镇被列为世界文化遗产。

为了防御西班牙帝国的侵略，在拉普拉塔河河岸建立了这座小镇。因此从建立伊始，科洛尼亚小镇就见证了当时两大帝国贪婪而漫长的战争，小镇也成为拉普拉塔河流域最具战略重要性的咽喉。[1]一个多世纪的生杀掠夺中，科洛尼亚也经历了无数次的重修与改造，或是添砖加瓦，或是翻天覆地，最终科洛尼亚成了无数建筑风格的统一体。1825年，科洛尼亚回到了乌拉圭的怀抱，成为殖民统治时期建筑风格的典型代表。[2]

漫步于科洛尼亚的纵横街道，似乎总绕不开一座高耸的白塔凝视。通体雪白的埃尔·法鲁灯塔在红墙、青砖、绿树映衬之下格外亮眼。灯塔建于1857年，指引着大冒险时代躲过大西洋凶涛险浪的商船入港。灯塔脚下是昔日圣弗朗西斯修道院的遗址，灯塔之上可以俯瞰郁郁葱葱的古城和宽阔的拉普拉塔河河口。每当夕阳西下，黄昏给这座古城笼上了更怀旧、复古的氛围，雪白的灯塔披上晚霞纺织的金纱，孤独而幽静地凝望着暴戾张扬的海洋。

旅游爱好者必定听说过意大利威尼斯的叹息桥，或是英国剑桥康河、牛津的叹息桥，而在科洛尼亚，还有一座叹息路。关于叹息路现在的名字，众说纷纭，主要流行的是三个版本。[3]传闻说这里曾经有一家妓院，是水手们的聚集之地，他们为捉摸不定的姑娘忧

① 余熙：《约会乌拉圭：南美瑞士的闲适故事》，世界知识出版社2011年版。
② 科洛尼亚（Colonia）在西班牙语中意为"殖民地"。
③ 科洛尼亚旅游网，https://viajeacoloniauruguay.com/que-hacer-en-colonia/calle-de-los-suspiros/。

虑叹息；也有的说之前的死囚最终的宿命是尽头的拉普拉塔河，每当从这里走过，他们都会情不自禁地发出悔恨而无奈的哀叹；还有的说一名年轻女子在这里等候自己的心上人时，被人用刀刺伤，这个凄美的故事也令人扼腕叹息。

叹息路是一段狭窄的鹅卵石古道，具有明显的葡萄牙特色，鹅卵石就地取材于海边，因此并不像我们所常看到的那样平整。道路两边的房子建于18世纪上半叶，波浪状的砖瓦，朴素的石墙，窄小的门窗，墙上的欧式路灯，所有都保留着几个世纪前的样子，完好无损地呈现在高楼林立、鳞次栉比的现代世界里。其中一座房子被改造为了叹息路美术馆，摆放着绘画与手工艺品，屋后还藏着一个曲径通幽的小花园。

在兵器广场一边，耸立着科洛尼亚的主教堂，又叫"神圣大教堂"，是乌拉圭最古老的教堂。这座大教堂建于1680年，经历了无数次翻修，直到19世纪初才竣工。然而1823年，一道闪电劈中了这座大教堂，摧毁了圣器室，于是教堂又开始了长达5年的修复工作，1976年，教堂最终被修复成了原始模样，这座大教堂的历史变迁也折射出了科洛尼亚居民对于保护古建筑的重视和修旧如旧的理念，大抵也是因此，科洛尼亚才保留了殖民统治时期的风貌，成为人类文化遗产。

有趣的是，1823年的那场闪电袭击和这座多灾多难的大教堂也被留在了伟大的博物学家达尔文的笔下。据说这起事故的罪魁祸首是葡萄牙统治时期遗留的一个火药桶，当时的圣器室被军队用来储存弹药，不曾想几百年后成为危险的源头。达尔文因此打趣称："教堂是一座十分奇特的遗址，它曾经被用来储存火药，拉普拉塔河千万次的电闪雷鸣，仅有一次的电击就光顾了这座教堂。爆炸将建筑的 2/3 夷为平地，剩下的部分成了一座纪念碑，警示人们闪电与火药结合的威力。"

教堂外部与埃尔·法鲁灯塔如出一辙，都是清一色的白墙，没有再多点缀，朴实无华，平添几分圣洁与肃穆。教堂内部宽敞明亮，墙体是葡萄牙式砖石结构；顶部是罗马教堂经典的半圆形拱；墙壁宽阔，精美的雕刻、神圣的祭坛，还有祭坛背后描写 16 世纪殖民统治时期历史的装饰画，让这座挨过了天灾人祸的教堂熠熠生辉。教堂的地宫类似一个洞穴，七彩色的灯光照耀着东方三博士、马槽圣婴等模型。

对于历史如此悠久的科洛尼亚而言，随便一处历史建筑动辄几百年的历史，而科洛尼亚火车站大概是这座历史小城中最为年轻的古迹了。这座火车站是科洛尼亚小镇里唯一的火车站，是为迎接 1901 年第一辆自蒙得维的亚出发的火车而兴建的。火车启动仪式那一天，万人空巷，居民们好奇而激动地汇聚在火车站附近，等待自国家北部驶来的第一趟列车。列车上载着 30 名乘客，大部分都是政府官员和企业高管，他们在这个时代的新尤物中骄傲地接受着车窗外所有人的艳羡与惊奇。现在火车站已被弃置，但是原址还留着当年的布告牌、月台和几段路轨。沿着遗留的轨迹走去，感受这座百年小镇的过去与现在，如梭的光阴仿佛穿越时空的界限，在一刹那间汇合。

在科洛尼亚小镇的东部，有一处国家历史文物，它掩映在繁茂的松树之中，烧焦了的墙壁已呈黑色，苔藓肆意蔓延生长。在这座"烧毁的工厂"背后，也隐藏着无数秘密与猜想。工厂原建于1876年，1881年3月7日，工厂突然发生火灾。紧接着，工厂主的妻子溺水而亡，他自己也命丧黄泉。据说工厂主的妻子背叛了他，他恼羞成怒，将妻子亲手溺死，然后放火烧了整座工厂，自杀身亡。也有人说，工厂入不敷出，负债累累，工厂主便火烧工厂来骗取保险金。还有的人说，工厂主霸道贪财，每天都要收取行人的过路费，人们一气之下，放火来解心头之恨。这些传说都是当时工业发展阶段的一个缩影，阶级矛盾的尖锐化、贫富差距的拉大，都从这座烧毁了的工厂上渗透出来。乌拉圭也将这座烧毁的工厂列入国家历史文物，因为对于科洛尼亚大区而言，这座烈火的遗留物折射了19世纪下半叶工业发展的图景。

除了科洛尼亚历史名镇，科洛尼亚大区内还有一个近100年的国家历史文物建筑群，这里有酷似西班牙风格的斗牛场，也有起源于西班牙巴斯克地区的回力球球场，有迎接旅客游船的码头，配有赌场的大酒店，还有供整片区域用电的发电厂。尽管所有建筑都仅剩残垣断壁，风雨在屋顶墙壁上都留下了自己的印痕，我们仍然能推测出当年这里也应是一片人潮涌动之地，曾经的繁华盛景渐渐褪色，只留下记忆的碎片供人唏嘘。

20世纪初，一家阿根廷建筑公司接手了一个宏大而重要的建筑工程，以刺激乌拉圭当地旅游业的发展。工程的主要负责人尼古拉斯·米哈诺维奇选定了科洛尼亚历史名镇附近的雷阿尔德圣卡洛斯区，申请在此地建设一座度假村，即雷阿尔德圣卡洛斯度假村，如今人们也把这片区域称作"尼古拉斯·米哈诺维奇度假村"，以纪念创造了这座精美而丰富的建筑群的主要建筑师。

度假村创立之初条件十分艰苦，因为雷阿尔德圣卡洛斯区人烟稀少，经济落后，缺乏最基本的便利设施，对于建筑者而言，平地建起一座高楼几乎是天方夜谭。而建筑师尼古拉斯凭借自己独到的目光瞄准了这里得天独厚的自然条件：这里不受工业化的污染，远离现代化城市的紧张与喧嚣；同时位于河口地带，气候宜人，春暖夏凉；最为重要的一点是，这里靠近阿根廷，是距离布宜诺斯艾利斯最近的度假区，乘坐汽船或者游轮只需要不到两个小时就可以抵达。尼古拉斯的预言果然应验了，度假村一落成便大获成功，主要的游客来源确实是阿根廷厌倦了紧张繁忙的快节奏生活与千篇一律的都市景象的城市居民，人们徜徉于山水之间，享受回归自然的宁静生活。

建筑群中最值得一游的就是我们提到的那座斗牛场，这是乌拉圭唯一的斗牛场，为新摩尔式建筑风格，①其马蹄形拱与西班牙的斗

---

① 新摩尔式建筑（或新穆德哈尔建筑）是摩尔复兴建筑的一种。这种建筑风格 19 世纪末期在马德里出现，并很快传播到其他地区。诸多艺术家认为，新穆德哈尔艺术是西班牙风情的独有特征。建筑的主要特征有马蹄拱形、藤蔓花纹瓷砖、抽象的形砖纹饰外墙等。

牛场酷似，结构主要为铁和水泥，直径 52 米。场中有一条 1.5 米
的过道和两排看台。1910 年，斗牛场正式开始使用，当时从西班
牙来的斗牛士和公牛队在异国他乡举行了历史性的表演，当时场上
座无虚席，人山人海，这股激情与新鲜一直延续到 1912 年，何
塞·巴特列时任总统期间，政府严控监管并禁止乌拉圭的斗牛活
动，但仍有官方授权的斗牛活动在此举行。斗牛士严禁使用长矛，
而且必须在牛角上做好防护措施，逐渐将原本血腥野蛮的竞技型活
动转变为安全人性的纯粹表演。如今的斗牛场已经被岁月侵蚀得脆
弱不堪，游客也只能站在外面抬头观赏这西班牙殖民时期的人文
遗产。

　　自从斗牛活动被政府喊停后，人们少了一项娱乐活动，赌博与
赌场便应运而生。赌场大酒店在短暂的 5 年运营期里达到了空前的
巅峰，除了每日接待来此消遣的大众，这里还是文学名流聚会的大
本营。乌拉圭文学史上"900 一代"①的代表作家就曾经聚会于
此，畅谈颠覆性的文学思想；这里还举办过美洲女诗人的会面，接
待了当时拉丁美洲举足轻重的女性诗人与作家，包括阿根廷最具现
代女性声音的诗人阿方斯娜·斯托尔妮、智利诺贝尔奖得主加夫列
拉·米斯特拉尔以及"美洲的胡安娜"胡安娜·德·伊瓦若。

　　西班牙殖民统治在这里留下的遗产除了典型的斗牛场，还有巴

---

① 乌拉圭"900 一代"指的是 1868—1886 年出生的乌拉圭作家，他们的作品大多在 1900
年前后为人们所熟知并广为传颂，风格主要是创新与现代主义。代表作家有反美主义
先锋何塞·恩里克·罗多、"拉丁美洲的易卜生"弗洛伦西奥·桑切斯等。

斯克地区盛行的回力球。这种球类运动起源于西班牙和法国，被认为是西班牙的"国技"，它凭着球体的高速运动和过程的刺激紧张而吸引了众多观众和爱好者。1910年，球场第一次对外开放，可以容纳3 000多名观众，直到现在，它仍然是南美地区规模最大的回力球球场，也依旧保持着原貌。1974年，球场进行了修复工作，同年还举办了世界回力球锦标赛。6年后，在殖民统治300年后，球场举办了庆祝独立的赛事活动。

雷阿尔圣卡洛斯码头的修建当初完全是为了满足游客来往的需要，并缩短外地游客旅程时间，而到今天，碧海蓝天的底色却为残存的木桩与石柱衬托了另一番风韵。一根根木桩参差不齐地分布在海水中，延伸至远方。

科洛尼亚小镇及周边的风景都各具特色，多样化的建筑风格让过去与现在于当下交汇，仿佛眨眼间看到历史像一位慢条斯理的说书人，在狭长古朴的小巷里漫步，耳边回荡着他悠长而沉着的声音。站在纯白的灯塔下，走在凹凸不平的叹息路上，坐在辉煌而宏伟的大教堂里，总有那么一刻，时钟突然静止，时光在一刹那停留，眼前似乎又看到了跨越百年的金戈铁马与动荡沉浮。科洛尼亚，就像是乌拉圭的双眸，透过它，仿佛看到了整个世界。

美食天堂

说到旅游，乌拉圭是名副其实的"南美瑞士"，其宜人的风景令人心驰神往；而说到美食，乌拉圭也同样挑动着无数食客的味蕾。作为当之无愧的"烤肉王国"，乌拉圭每年人均肉类消费量可达 100 千克，而牛肉作为乌拉圭人的主要肉食，是家家户户餐桌上不可缺少的"主菜"。这里牧草资源丰富，又有着得天独厚的气候条件。在这种天然环境下生长的牛产出的肉安全健康、脂肪含量低、蛋白质含量高，因此品尝起来鲜嫩多汁。而在民以食为天的中国，牛肉消费量也不可小觑。据乌拉圭牛肉协会统计，2018年，约有 52％的乌拉圭牛肉出口到中国，而中国进口的牛肉 21％都是来自乌拉圭，乌拉圭稳居中国牛肉供应国前三之列。①2019 年初，乌拉圭对华出口的牛肉总量已经超过了巴西、阿根廷和澳大利亚。

由于欧洲移民的影响，乌拉圭当地美食带有西欧，尤其是地中

---

① 《记者手记：走上中国人餐桌的乌拉圭牛肉》，新华社，https://news.china.com/internationalgd/10000166/20190208/35173953. html2019 年 2 月。

海一带的美食特色，比如意大利和西班牙美食。外来的风味与当地的本土特产相融合，适应了当地的气候、地理条件，便形成了具有地方特色的食谱。除此之外，来自其他欧洲国家的克里奥美食，[1]以及少部分的美洲印第安人美食，给乌拉圭美食注入了独特而鲜活的血液，让它从拉丁美洲诸多地区的美食胜地中脱颖而出，成了食客们的天堂。

肉食主义者

牛肉的大量生产使得肉类在乌拉圭美食界独步天下。无论是后腿肉、肋骨、内脏，还是牛杂、牛舌，都能在乌拉圭的餐桌上各显"神通"。除了牛肉，猪肉和羊肉也深受乌拉圭人的青睐。猪肩肉、里脊肉、烟熏肉和五花肉这些在中国家喻户晓的各类肉食，在乌拉圭这样一个食肉国家同样大受欢迎。而最为人熟知也最出名的当属腊肠，这是一种从西班牙流传来的香肠，主要成分是猪肉末、猪小肠、猪大肠和红辣椒，在西班牙乃至伊比利亚半岛以及整个欧洲，腊肠都是菜谱里不可或缺的原料之一。而另一种香肠则是猪肉末与多种香料[2]混合，填塞进清理干净的猪肠里。除了香肠，火腿绝对是不得不提的明星产品，熟火腿、生火腿、[3]熏制火腿，或薄如蝉翼，或口有余香，或大开胃口，齿间清甜之中又透着一丝丝的

---

① 西班牙美食与西语美洲国家美食的融合。"克里奥"即在拉丁美洲出生的欧洲后裔。
② 包括辣椒粉、胡椒、大蒜、迷迭香、百里香、丁香、生姜、肉豆蔻等调味香料。
③ 指用盐腌制后在低温环境下风干而成的火腿，因此也称为"风干火腿"。

香咸；再配上法棍面包或是葡萄酒，更是令人难以忘怀。

除了肉类，在这样一片广袤无垠的土地上，自然环境清新纯净，乳制品行业也得到了大规模的开发，在乌拉圭同样极具代表性。乌拉圭地方美食中的很多基本原料与食材都是从乳制品中获取的，比如黄油、鲜奶油、牛奶焦糖、奶酪、牛奶、酸奶、奶粉。

烧烤

在这样一座"食肉王国"里，烧烤的普遍流行自然也不足为奇。乌拉圭的烧烤叫作 parrillada，据说是乌拉圭人最喜欢的食物。这种烧烤与我们常见的有所不同，除了常见的肉类作为主角，动物内脏也在烤架上踩着炭火蹦跳。烧烤用的是一种铁制的烤肉架，叫作 parrilla，炭火采用果木，这在保留肉类本身鲜美味道的同时，又融入了一丝果木的清香，使烤肉味道不甜不腻，恰到好处。

在乌拉圭的街头，烧烤店到处可见，放眼至平常人家，竟然个个都是烧烤高手。家家户户的阳台上几乎都摆着一座烤架，甚至在景区、公园也能看到烤炉的身影。就像西班牙人会在酒吧里聚会品尝一样，在蒙得维的亚以及内陆地区，人们也会常常聚集在餐馆、酒吧等美食中心，凑钱来烤一顿烧烤。

乌拉圭烧烤与巴西烤肉、阿根廷烤肉都有一些共通之处，也在地域交流中互相影响、和而不同。但是有一种非常具有地域特色的烤肉传统被保留了下来，它是土著民高乔人发明的一种烤肉方式，即带皮烧烤，这也是拉普拉塔河地区的典型烹制做法。带皮烧烤的好处在于由于外皮的包裹，肉不会因为热度而失去水分，能继续保持原本的新鲜和柔嫩。

牛肉汉堡

牛肉汉堡（Chivito）是乌拉圭的代表美食，是一种肉类和其他配料混合而成的三明治。主角通常是里脊肉，也会加入培根或者炒蛋，配上蛋黄酱、绿橄榄、番茄调味。人们通常会搭配炸薯条享用，再拌一碗俄罗斯沙拉，[①]荤素搭配，美味健康并举。

然而，这样一道美味的乌拉圭国菜竟然诞生于偶然。1940年，安东尼奥·卡尔博纳罗是埃斯特角城一家餐馆的店主。有天夜里餐厅停了电，突然来了一位女顾客，据安东尼奥推测，大概来自阿根廷或者智利的北部地区。她说在到达埃斯特角城之前，她先经过了科尔多瓦，在那里她品尝到了一种肉，名叫 chivito，那味道还在她齿间萦绕，使她念念不忘。然而安东尼奥并没听说过，所以他和店员按照顾客的描述准备了一份抹了黄油的烤面包，其中夹上了火腿和鲜嫩的烤肉。谁知顾客对此赞赏有加，而安东尼奥也就这么

---

① 俄罗斯菜中传统的沙拉。在中欧、东欧和部分南美国家比较流行。主料为黄西红柿、紫甘蓝、生菜、胡萝卜丝、葡萄干等，辅料有番茄沙司、马乃司、盐、胡椒粉、糖等。

在不经意间发明了 chivito。

这个创意大获成功，安东尼奥的餐厅每天都要卖出上千个牛肉汉堡。甚至许多地方都出现了翻版，比如最为常见的加拿大式和盘装式，还有餐厅将其中的主角牛肉换作三文鱼等。尽管这道菜从未注册为一个品牌，它的创始人也在 2003 年与世长辞， chivito 却一直是乌拉圭的象征，每一个来乌拉圭旅游的人，若没有品尝过，都不能算是真正"到此一游"。

香肠热狗

香肠热狗，西班牙语叫 choripán，单单看一眼这个名字，就可以猜出来 choripán 是我们之前提到的 chorizo（香肠）和 pan（面包）的结合。它是一种香肠热狗，其中以生菜和西红柿为辅料，再配上多种调味汁。香肠热狗是乌拉圭最为流行的小摊食物，街上到处可见的食品小推车，其中最为火爆的便是 choripán。

香肠热狗中使用的香肠是新鲜水嫩的，无需风干。香肠中牛肉占七分，猪肉占三分，加以肉豆蔻、茴香、辣椒粉、丁香和肉桂调味。人们通常会在制作时加入一定量的葡萄酒（或者是醋），因此香肠更加鲜美多汁，肉的腻味减掉了几分，替而代之的是酒的醇香。

除了家常的制作方式，人们还发明了一种集口味与美感于一体的形式：将香肠纵向切成两半，将 chimichurri^① 或其他调味料抹在其中一半上。切成两半的香肠似一对巨大而浑圆的翅膀，其中的调味料似玲珑的触角，因此人们也把这种做法称作蝴蝶式 choripán。

在拉普拉塔河地区，这个小吃的起源可以追溯到 19 世纪中叶，当时在农村地区，高乔人的庆祝传统就是烧烤，他们会将烤好的香肠加入面包中，这种饮食方式也随之传到了城区。20 世纪中后期，乌拉圭一家推车公司"El Galleguito"腾空出世，街头推车节省了门店昂贵的租赁费，同时又具有流动性、灵活性，可以自由出没于各大人流集中区域，而热狗香肠也伴随着小推车的流行得以普及开来。

这种小吃的流行得益于它快餐简食的特点，对于上班族和其他赶时间的人群而言是不二之选：一对面包和一根香肠，一台烤箱，就是所需的所有材料了。将香肠放在烤箱或烤架中，等香肠呈现暗红色，然后将它夹在面包中，即可快速制作，方便又美味。

在南美国家，尤其是乌拉圭和阿根廷，香肠热狗是国民饮食中不可或缺的一部分。由于这些国家热爱烧烤的传统，而烧烤通常需要花费很多时间，人们就会在主餐做好之前先以其来充饥和开胃。无论是观看足球比赛，举办狂欢节聚会，还是参加政治性活动，

---

① 源自阿根廷的一种青酱，利用新鲜草药、醋和橄榄油等调制而成的辛辣酱。

choripán 永远都不会缺席。

热狗

乌拉圭地区的热狗（Pancho），普遍做法是将煮熟的法兰克福肠①夹在维也纳面包②里，加上不同的调料，例如番茄酱、蛋黄酱或芥末酱。

乌拉圭也有很多独具特色的热狗。比如 porteño 就是一种铺着火腿和焗烤奶酪的热狗。还有的是将法兰克福肠替换成匈牙利香肠，匈牙利香肠与法兰克福肠的不同之处在于，它是以烧烤的方式做成的，成品的香肠看上去焦黑发亮，吃起来外焦里嫩，辛辣入味。

炸肉排

炸肉排（Milanesa③）最初起源于瑞士，随着 19 世纪末 20 世纪初意大利移民的大规模涌入，乌拉圭的美食受到了欧式传统美食的深刻影响， milanesa 炸肉排也随之在新的土地上吸引了一批忠实粉丝。它的主要做法是将牛排或鸡排裹在鸡蛋和面包粉里，然后用油煎炸或用烤箱烤制，外表类似于我们在快餐店里吃的炸鸡排。

① 德国产的一种香肠，由牛肉（有时会混合其他肉类）制成，起源于法兰克福。大多数热狗都采用法兰克福肠，因而它也有"热狗肠"之称。
② 起源于维也纳的一种面包，采用一次发酵法制作而成。面包内部气孔细小均匀，表皮松软薄脆。
③ milanesa 在西班牙语中意为"用米兰（意大利）方法制作的"。

乌拉圭家家户户最为欢迎的是那不勒斯肉排，这种肉排上通常配有番茄酱、牛至、火腿和马苏里拉奶酪。这个名字可能会给人误解，以为这种肉排起源于意大利南部城市那不勒斯，然而实际上它最初出现于阿根廷首都布宜诺斯艾利斯的一家意大利餐馆，这家餐馆以那不勒斯为名，这道创新性的菜肴也以此驰名南美。

甜品饮品

小巧克力派

小巧克力派（Alfajor），两片圆形的饼干加上中间甜甜的夹心，夹心通常是牛奶焦糖、慕斯或者是蜂蜜，外面会再裹上一层巧克力酱。这种甜食起源于阿拉伯地区，19 世纪中期，西班牙安达卢西亚地区移民将这种传统零食带到了拉丁美洲地区，当地人便开始了对这种甜品的改良与创新。

乌拉圭地区最典型的 alfajor 名叫"悠悠"，因为其外形酷似孩童玩的悠悠球。还有一种叫作"小镜子"，这种巧克力派的顶部涂了一层果酱，亮莹莹的果酱就像是一面小小的镜子。这两种派都和它们的名字一样玲珑可爱，令人不忍吃掉。

乌拉圭人民对这种甜品的喜爱可以在 20 世纪 90 年代的"alfajor 大爆炸"中窥见一斑。当时甜品市场上竞争无比激烈，无数品牌一哄而上，争先恐后地推出自己的产品，也让乌拉圭当地的巧克力派产业蓬勃发展。

饮品

走在乌拉圭的街头，总会看到当地居民手中握着插有吸管的葫芦杯，他们边续边饮，看起来十分悠闲惬意。马黛茶与咖啡、茶并称为"世界三大茶"，可见马黛茶在世界饮品中有着举足轻重的地位。对于当地人而言，马黛茶更是深入了家家户户的生活，早已成为这个民族的标签。

古巴革命领导人切·格瓦拉那光着膀子、斜卧炕头、手持马黛茶的形象与他头戴贝雷帽、嘴叼雪茄烟的形象同样深入人心；阿根廷前足球运动员马拉多纳曾说过，"没有马黛茶就没有上帝之手"；①阿根廷最早的经典探戈名曲《马黛，马黛》这样唱道："喝一口马黛，醒一醒神，俗话说得好，踏上我们土地的人，一旦喝上马黛茶，就永远不想离开。"

除了马黛茶，乌拉圭也是名副其实的产酒大国。乌拉圭位于南纬 30°~35°，日照充足，夏季干燥炎热，冬季寒冷，有着得天独厚的种植葡萄的条件。17 世纪，西班牙人带来了种植葡萄、油橄榄、胡桃树的习惯，也在这片土地上撒下了酿酒业的种子。真正让乌拉圭红酒行业进入国际市场的推动力是丹娜这一葡萄品种的引进，1870 年，定居在乌拉圭的法国人帕斯卡·哈里根发现丹娜最适宜当地的气候与土壤条件，它来源于法国西南产区，单宁含量高且柔软鲜嫩，色泽深邃，酿制出的红酒口感强劲，质量上乘。丹娜

---

① 1986 年 6 月 22 日，在墨西哥世界杯 1/4 决赛阿根廷对阵英格兰的比赛上，马拉多纳用手把球攻入了英格兰队的球门，并且裁判判定进球有效，被称为"上帝之手"事件。

的种植很快蔓延至乌拉圭全国各地，种植面积占全国葡萄园总面积的 1/3，到 1877 年，丹娜已经成为乌拉圭的"国酒"，当地生产的红酒甚至较丹娜原产地伊鲁莱吉和马迪朗更胜一筹。

乌拉圭当地还有一种原创的酒品"一半一半"，看到这个名字，大概也能猜出这种酒品是将不同品种的酒混合制成，或是起泡酒与干白，或是白酒与苦艾酒，两两混合，却能产生 1 + 1＞2 的效果。这种酒不仅有 100 多年的历史，还有自己的品牌，在港口市场就能一品其醇香。

在乌拉圭也能喝到欧洲流行的渣酿白兰地。起初人们为了避免浪费，将酿酒残余的葡萄皮和葡萄籽再次进行蒸馏加工，然而残渣制成的酒品竟然也独具风味，很快便畅销全球。这种酒品通常是冰镇冷饮，口感舒爽，也有人会将它和意式浓缩咖啡混合，得到咖啡与酒的混合饮品。在乌拉圭，人们会在杯中滴入几滴柠檬汁，赋予了白兰地新鲜的果香与甜润；或者将它与蜂蜜混合，再配上一块巧克力饼干，就能在丝滑与甜嫩中度过一个悠闲的下午。

港口市场

对于食客而言，乌拉圭必游之地无疑就是港口市场了，这是一条美食文化街，也是乌拉圭美食的橱窗，几乎囊括了乌拉圭所有的特色小吃，前面提到过的无一例外。这里有乌拉圭最正宗、种类最丰富的烧烤，也有当地极具特色的酒品饮料，是不折不扣的肉食主义者朝圣地。

1865 年，商人佩德罗·塞恩斯·德·祖马兰成立了一家股份公司，目的是在蒙得维的亚建立一个市场。公司在北海岸收购了一方土地，靠近现在的 1825 年 8 月 25 日大道。[①]公司起初的打算是以钢铁作为基部，然后搭建金属，这种技术在当时的美洲还是天方夜谭，但是在欧洲这片艺术圣地上已经初露端倪。后来到 1889 年，法国建筑师古斯塔夫·埃菲尔凭借同样的思路，利用成千上万个钢铁与金属部件，在巴黎指挥建成了当时世界上最高的建筑物、法国的文化象征以及巴黎的地标建筑——埃菲尔铁塔。而负责建造蒙得维的亚市场的工程师便马不停蹄地赶往利物浦的联盟铸造厂，在观摩学习之后，一行人归国施工，花了三年完成了市场的建造。

　　1868 年 10 月 10 日，在共和国总统洛伦佐·巴特勒以及内阁成员的协助下，港口市场正式成立，主要向抵达蒙得维的亚湾的船只和当地居民销售水果、蔬菜和肉制品。多年以后，当初的水果蔬菜店和肉铺渐渐发展成了如今的美食和饮品店。

　　除了品味美食，这里也是众多名人的聚集之地。卡洛斯·加德尔[②]和恩里科·卡鲁索[③]常常并肩漫步在港口市场的一条条街道上，感受市井生活，谈笑风生；何塞·恩里克·罗德总会在一个隐蔽的咖啡小院里喝上一杯咖啡，冥思拉丁美洲文学的奥秘；佩德

---

① 港口市场网站，www.mercadodelpuerto.com。
② 卡洛斯·加德尔（1890—1935），探戈歌王。生于法国，成长于阿根廷，经典作品为探戈舞曲《一步之遥》（Por una cabeza）。
③ 恩里科·卡鲁索（1873—1921），意大利男高音歌唱家，被誉为"有史以来最伟大的男高音"。

罗·菲加里①也在这里拍摄过无数场景，这些画面后来都成了他绘画的灵感。

　　乌拉圭的美食深受欧洲殖民者的影响，同时又加入了自己的特色，不断创新出属于自己的本土菜肴。其美食与当地文化、人民生活息息相关，既体现了乌拉圭人民对肉食、甜食的嗜好，也反映了这片土地上人们的热情与奔放。

---

① 佩德罗·菲加里（1861—1938），乌拉圭现代主义画家，乌拉圭 200 比索纸币上印有他的头像。

风俗民情

饮食风俗

饮食习惯

在我们许多人看来，大多数西方国家的饮食习惯都十分类似，由于南美洲的文化受欧洲文化影响极深，因而乌拉圭人民的饮食习惯也与许多欧洲国家十分相近。殖民者带来的饮食习惯在和当地人民本来的饮食特色相结合后，使得乌拉圭当地的饮食习惯表现出了饮食文化融合的特点：口味多种多样的比萨表现出典型的意大利特色；牛奶米饭、土豆饼又反映出西班牙人对当地人民饮食习惯的影响；乌拉圭最负盛名的美食烤牛肉却是当地游牧民族钟爱的美食，还有当地的甘薯、杂烩、炖菜，这些都是最具克里奥尔特色的当地菜肴……如今，这些食品经过传承或结合，成了乌拉圭人民餐桌上不可或缺的佳肴。

早餐

在乌拉圭人的眼中，早餐就像是昨日今日生活的交接点，既弥补了漫漫长夜糖分耗尽的饥饿感，又为新一天工作的开始补充了足够的能量，因而早餐虽不如午餐重要，但却比晚餐有着更高的地位。实际上大部分的乌拉圭人都有着吃早餐的习惯。乌拉圭一家饮品公司曾围绕早餐这一问题对蒙得维的亚的 1 万余名网民进行过调查，调查数据显示，无论是在家中怡然自得，或是在路途上行色匆匆，参与调查的人中每 4 个人中就有 3 人保持一周 4 天及以上的频率食用早餐。大部分人每天会花费至少 15 分钟来享用他们的早餐。

在早餐的内容这一方面，乌拉圭人的习惯与西式早餐较为相似，绝大部分人会选择牛奶、咖啡作为饮品，而比较有当地特色的便是马黛茶了。这三种饮品位列早餐饮品名单的头三位，也有一部分人会选择自家鲜榨或在外购买果汁作为早餐饮品。饮品的选择丰富多样，各有所好，在早餐食物的选择上乌拉圭人就少有异同了，大部分人都会选择抹上自己所喜爱口味的果酱或黄油的吐司，或者是包装好的罐头作为基本的食物。

午餐

与许多国家不同的是，对于乌拉圭人，午餐是三餐中最为重要的一餐，几乎没有人会缺席午餐。就餐时间一般为下午 1:00—2:00，通常由汤、菜、主食和甜品几个部分组成。据乌拉圭国家肉类协会统计，在 2010 年，乌拉圭牛肉人均消费量达到了 59.2 千克，超过阿根廷，位居全球首位。因而在乌拉圭这个"肉食的国度"里，肉类自然是午餐中必不可少的一个元素，餐桌上牛肉也会成为当之无愧的主角。还会有像杂烩汤、烤肉、肉丁菜饭、米兰饼等美味菜肴。

下午茶

受到欧洲文化的影响，乌拉圭人也保有喝下午茶的习惯。每当下午四五点时，有条件的人就会在家或在咖啡厅享用下午茶。通常人们会点一杯茶或咖啡，也可以饮用自己的马黛茶，再配上一些饼干、巧克力、蛋糕等甜点，独自或约上三五好友，在忙碌的一天中度过一小段偷闲的时光。

晚餐

由于有了下午茶的过渡，人们的晚餐时间便往后推迟了不少，通常在晚上八九点才会用一顿晚饭来结束这一天的时光。在乌拉圭人的饮食习惯中，大部分人还是会吃晚饭的，但晚饭并没有午饭那么重要，因此晚餐的菜式也会比午餐简单一些。午餐中有的汤和甜点大多被省去，主食也被换成沙拉或者其他相对清淡的食品，只有肉类仍是不可或缺的主角。夜色沉静中，人们的晚饭或许会有酒的加入，晚饭时倒上一杯好酒，在微醺中结束一天工作与生活的疲惫。

但值得注意的是，乌拉圭与西方相类似的饮食习惯也给当地人民带来了类似的问题。作为一个相对发达的国家，乌拉圭国内并不存在严重的饥饿问题，相较之下，饮食结构不均衡、营养摄取不均衡等健康问题更为突出。根据 2019 年乌拉圭公共卫生部的数据，超重和肥胖问题已在乌拉圭发展成"流行病"的一种，36％的儿童超重，12％的儿童肥胖，这一数据是南美大陆各国中最高的。针对此情况，世界卫生组织也指出，久坐和摄入过多是肥胖问题的主要诱因，乌拉圭应呼吁控制高糖、高脂肪食物的摄入，增加国民运动量，倡导全新的、更为健康的国民饮食习惯。

马黛茶

在南美洲，马黛茶是一种有着悠久历史的著名饮品，而乌拉圭人更是热爱饮用马黛茶，甚至可以说达到了痴迷的程度，马黛茶是他们的"国民饮料"，是他们日常生活中必不可少的饮品之一。在乌拉圭，无论是在大街上，或是公交车上，甚至是烈日炎炎的沙滩旁，都会有人随身携带着一只保温瓶，瓶中装着热水，因为这样可以随时随地满足他们喝马黛茶的需要。

许多南美洲的足球巨星也有着饮用马黛茶的习惯，被誉为足球界"禁区猎手"的乌拉圭球星苏亚雷斯则可以说是马黛茶的忠实粉丝代表了，无论什么活动，只要苏亚雷斯出现，他用来喝马黛茶的保温杯和茶杯也一定会出现在身旁。许多球星在比赛前会有自己独特的小习惯，苏亚雷斯也不例外，他除了会在上场前绑上自己红色或蓝色的腕带以外，喝马黛茶也是上场前必不可少的一步。当他跟好兄弟梅西一起训练或是比赛时，两位"茶友"会共同分享马黛茶，还会与好兄弟、好战友共用一根马黛茶吸管，象征着他们之间亲密无间的友谊。对于他们来说，马黛茶就是缓解压力、减少紧张情绪的"秘密武器"。马黛茶现在也已经成为南美洲足球强国球队的标志性特色之一，在 2018 年俄罗斯世界杯，这款"国民饮料"也再次引起了全世界球迷的注意：在开赛前，乌拉圭国家队的后勤团队早早地就为球队补充好了充足"燃料"——他们运送了 180 千克的马黛茶叶到俄罗斯的比赛前线，平均一个月下来，每天要消耗掉六千克的马黛茶叶。足以看出，这些乌拉圭人已经成为"马黛茶重度依赖者"，大概一天不喝，浑身难受，无法度过没有马黛茶的生活。

如此吸引南美人的饮品到底是什么做成的呢？马黛茶便是用水泡制马黛茶叶制成的饮品，因其饮用方式与中国的茶非常相似，因而在中国被称为"马黛茶"。马黛叶也称巴拉圭草，是冬青科大叶冬青近似的一种多年生木本植物，一般株高 3~6 米，野生的可达 20 米，树叶翠绿呈椭圆形，生长于世界十大最古老、最神秘、最危险的原始热带雨林——巴拉那森林。

马黛茶历史悠久，最早是由生活在巴拉那森林周围的原始部落瓜拉尼人发现的。关于马黛茶的起源流传着几个传说：

相传最为广泛的故事可以追溯到远古时期，瓜拉尼人的祖先从远方来到南美洲定居，在这片土地上开创了新的文明。有一天他们遇见了一位身材高大、皮肤白皙、蓝眼睛、胡子拉碴的神苏买，苏买与瓜拉尼的后裔相处融洽，并向他们布道，传授农业生产技术。

与此同时，他向瓜拉尼人透露了马黛茶可以使人保持健康、活力和长寿的秘密。后来，雨林土壤被破坏、部落被迫搬迁，有一位老人不愿离去，为了照顾年老的父亲，他的女儿雅里也留了下来。一天，一位不知名的传教士在牧场与雅里相遇，问她想要什么才能让她感到快乐，她没回答，但她的父亲同传教士说，他想要找回自己的力量，好带女儿回归部落。于是传教士给了他一棵绿色的植物，并告诉他如何种植、摘叶、烘干、研磨并冲泡饮用。这种植物泡制的饮品使老人恢复了体力，支撑着他长途跋涉回到了部落。之后，这种植物在他们生活的地方茁壮生长，这便是后来在巴西、阿根廷、乌拉圭和巴拉圭种植开来的马黛树。自此，整个部落沿袭了饮用马黛茶的习惯，并相信马黛茶能给人以力量和勇气，抚慰人心，驱赶孤独。

也有传说认为，马黛茶是一份报恩的礼物。某天，日月二神在丛林中散步时，忽然间一只美洲豹扑向他们，危急之际，一名叫Aba的美洲原住民英勇地用弓箭射死了豹子，拯救了二神。为报答其救命之恩，二神送给他一株植物当作谢礼，告诉Aba它能够带来无限的活力、健康与长寿，这株植物便是马黛茶。

第三种传说则将马黛茶视为古老的印第安部落守护神图巴赐予部落的一份珍贵礼物。为了将这份礼物传到子民手中，图巴下凡与部落最老的巫师苏买会面，传授给他摘取、烘焙、研磨及饮用马黛茶的方法，并说："从今以后，我的子民将因饮用这种神的饮料而拥有健康快乐，即使在最寂寞、黑暗、饥饿、悲伤的时刻，只要饮用它，便能滋养身心！"待守护神回到天堂后，巫师立即按照神的指示，指导族人饮用马黛茶，发现果然有奇特效果，每位族人皆如美洲豹般年轻有活力，于是将这种植物称为"KAA"，意为"草药"。

从上面的传说可以看到，自远古时代起，马黛茶便在美洲人民的文明和生活中刻下了深深的烙印。但其实马黛茶在世界上也有着非常重要的地位，甚至与咖啡和茶并称为"世界三大饮品"。在南美洲，马黛茶被称为"仙草""天赐神茶"，因为南美洲饮用马黛茶的人们都坚定地相信，这种饮品一定是神赐予他们的宝物，对于保持身体健康会有极大的好处，喝了马黛茶就如同神在保佑他们身体健康一般。当然这只是神话传说。但根据一些现代科学研究成果，饮用马黛茶的确对健康有一定的好处：一来马黛茶中富含维生素、矿物质与食物纤维，可以帮助人体对抗氧化作用，延缓衰老；二来能清肠解腻，达到纤体护肤和降脂降压等功效，这对饮食习惯相对油腻、荤菜较多的南美人民非常有益；其三，其中含有高浓度的咖啡因，能起到替代咖啡和浓茶的作用。在早晨喝一杯，还能给人们对抗浓浓睡意，开启新一天工作的能量。正因这些好处，马黛茶如此受南美人民的欢迎，还有了"液体沙拉""奇迹茶"这些带有"神秘力量"的称号。

乌拉圭人民的早餐中必有马黛茶提神醒脑，午饭后来一杯清肠解腻，闲暇之余与朋友小聚也要喝上几杯，马黛茶早已渗透到人们生活的每个角落。这种对于马黛茶的强烈依赖，不仅使得马黛茶本身成为乌拉圭，甚至南美洲文化中不可或缺的一部分，其饮用方式也成为这个地域鲜明的文化特色之一。

想要喝上一杯"合格"的马黛茶，有三个元素是必不可少的，那便是茶叶、吸管和茶杯。茶叶自不必说，用以饮用马黛茶的吸管和茶杯也都非常精致而有特色。在乌拉圭，要想了解这些喝茶器具十分简单，随便问谁都可以，因为这是他们生活中最密不可分的东西，每个人都会有，而且每个人都是行家，从朋友手上借来一个，或是直接买上一套，自己当作艺术品珍藏起来，都是不错的选择。

喝马黛茶用的吸管通常由金属制成，大体为圆柱形，上端扁平稍弯曲，便于人们饮用，下端扁平呈勺状，可用来挤压搅拌茶叶，让茶叶充分出味，并且在勺状部分上带有小孔，可以在饮用时过滤茶渣。上好的吸管都是用白银做成的，因此，即便抛开它的实际用途不说，吸管本身便算得上是一件精美的艺术品。而茶杯形状多呈圆形或椭圆形，材质也一般为木质或葫芦。就如同讲究的中国茶客喝茶时认为用紫砂壶"泡茶不走味，贮茶不变色，盛暑不易馊"一样，常喝马黛茶的人对容器的材质也十分有考究，更是认为喝马黛茶"四分靠茶，六分靠罐"。葫芦材质的茶杯茶壶最为常见，因为葫芦的材质特殊，保湿不外透，烘干的马黛茶放在其中不易受潮，且葫芦本身没有异味，这两点特质能避免器具对马黛茶风味产生影响。在"资深饮客"看来，用不锈钢容器泡制的马黛茶会带有"刀味"，用陶制容器冲泡的马黛茶则带有"土味"。这一切皆因马黛茶在浸泡时会吸取容器的味道，只有适当的容器才能对马黛茶的味道起到画龙点睛的作用。

　　南美各地喝茶、冲茶都有着自己与众不同的特点，乌拉圭人民也不例外。他们在冲泡马黛茶前会先把装着马黛茶叶的葫芦罐放在手掌上，用另一只手的手掌盖住罐口，把罐子倒过来轻轻摇晃，把马黛茶叶中最细小的粉末晃到茶叶最上层，再加水冲茶，让水在注入茶壶时能最先接触这一层粉末。因为在他们看来，这层细小的粉末是茶叶的精华，粉末越是细小，冲出来的马黛茶越是有味道。葫芦茶罐中装了茶叶后，不可倒入沸腾的水，最好是待到水温为 70℃左右时再开始泡茶，一边倒水一边用吸管的勺部挤压茶叶，挤出汁液，并将茶叶压实，让茶叶的香味能留存更长的时间。

　　现在出于卫生与方便考虑，乌拉圭人在外时大多使用保温杯和自己的吸管饮用马黛茶。由于乌拉圭人最先开始使用保温杯喝茶，这种方式在被传播出去时甚至还被称为是"乌拉圭人的发明"。但其实传统的饮用方法更加讲究，认为饮用马黛茶是需要"天时地利人和"的。一是传统方式泡茶喝茶所需的工具更加精致，流程更加繁杂，茶叶的用量也更加精确，甚至对什么时候才能将吸管放入杯中、吸管应以什么角度放入茶中也有考究，以此冲泡，风味更加浓郁；二是最好是亲朋好友聚在一起，围坐炭火旁，一人泡制好茶，大家共同使用同一个茶杯、同一根吸管，一人饮完，将茶具传到下一个人手中继续饮用。

　　值得注意的是，虽然一人独自饮茶时相对不那么讲究，但是在与旁人一同喝马黛茶时，则有一些大家要共同遵守的"茶礼"。这些礼仪大多是从先辈时流传下来的传统习俗，譬如共同饮用马黛茶的亲朋好友中，须有一人担任给大家泡茶的任务，而除泡茶人以外其他人不可以随意翻动茶叶，此举可能会被看作是客人认为冲茶人手艺不好，需要饮客去搅拌茶叶"再加工"；在喝茶时从他人手中接过茶杯也不必说"谢谢"，只需在最后一次喝完不想再喝时说"谢谢"即可；一般冲泡的第一轮茶会被冲茶人喝掉，而不给客人饮用。一种说法是因为第一轮茶中粉末杂质太多，风味不佳；第二种说法则是说，因为从前战时曾有人在茶中下毒，以瓦解敌人力量，冲茶人亲自喝掉第一轮以示茶中无毒，客人从第二轮开始可以放心饮用。

诗人博尔赫斯曾说："共饮马黛茶之时即休闲时光。"在他们看来，亲朋好友聚在一起饮茶之时正是享受安宁的神圣时刻，这一习惯也早已彻彻底底地嵌入了他们的生活。乌拉圭人民甚至为这一根植在他们生命中的习惯设立了一个节日——马黛茶节。从 2003 年开始，每年 3 月的第一个周末，乌拉圭南部圣何塞省的人民都会庆祝这一节日。人们在这一天举办游行，欢歌载舞，白天举行游吟，歌手歌唱比赛，晚上还会有当地民间艺术的演出。每年圣何塞省的省会圣何塞德马约市都会有将近 3 万人参与到节日活动中，人们将这一融入他们日常生活的习俗变成了一场融合了城市和乡村风情的盛会，将平凡的日常习惯变成了一场给人们带来欢乐的狂欢，用节日的方式再一次加深了马黛茶打在乌拉圭人民身上的烙印。

丹娜红酒

欧洲许多品种的葡萄酒都已经闻名世界，然而很多人对于乌拉圭的葡萄酒其实并不了解。丹娜红酒是乌拉圭葡萄酒中最重要的一款，属于干红葡萄酒的一种。其实，这款红酒是巴斯克移民带给当地人民的礼物。当巴斯克人堂·帕斯卡尔·哈里雅格 19 世纪 70 年代穿越重洋来到乌拉圭时，给本地带来了不少葡萄品种，丹娜葡萄便属于其中之一。

丹娜葡萄个头大，果皮厚实，果肉紧致，能够适应各种气候，尤其是干燥的气候，不易受到虫害、真菌和霉菌的影响。在法国生长出来的葡萄，酿酒后已是独有一番风味。当它到达乌拉圭后，葡萄的生长非但没有出现"水土不服"的情况，乌拉圭的土壤、气候培植出来的葡萄，反而让当地酿出的葡萄酒品质更上升了一级。再加上乌拉圭人民钟爱牛肉，牛肉饱满紧致的口感和香味成为口感偏苦涩的丹娜红酒的最佳搭配，这款独特的风味也让原本生长于法国南部马德兰的丹娜葡萄在乌拉圭扎了根。丹娜红酒如今成了乌拉圭葡萄酒最独特的代表，乌拉圭也成了丹娜葡萄的"第二故乡"。

"Tannat"的名字来源于"Tannin"（单宁）这个词。要真正品尝、欣赏一款优质的葡萄酒，需要衡量许多元素。而一瓶葡萄酒的好坏主要就是取决于单宁、酸、糖以及酒精这四大主要元素之间的平衡。要成就一瓶好的葡萄酒，这四大元素是缺一不可的。很多葡萄酒中都有单宁成分，红葡萄酒中的单宁主要来自葡萄皮，木桶陈年时亦会增加其含量，这是维持红葡萄酒生命的主要支柱。因为丹娜葡萄皮糙肉厚，单宁丰富而厚重，所以由其制出的葡萄酒也有着一种独特的深沉气质，颜色深浓，喝起来口感充沛、刚劲紧致、粗犷而有张力，入口之时便给人猛烈的冲击，留下深刻的印象。

这款红酒还有一个非常特殊的名号，用以形容它入口时的口感——"会咬人的葡萄酒"。此名的由来则与乌拉圭足球巨星苏亚雷斯有关。"2014 世界杯小组赛 D 组第三轮，意大利与乌拉圭的恶战正处胶着之时，场上惊现苏亚雷斯'咬人'一幕。被咬的意大利铁卫基耶利尼就地翻滚，而苏亚雷斯也抱着大牙在翻滚，从他的表情看来，就像是牙齿被铁卫坚硬的肩膀硌到了，也可能是嫌这名铁卫的肩膀咬起来口感不太好。咬人事件发生后不到 2 分钟，情绪波动的意大利后卫出现致命的防守错误，乌拉圭队长戈丁在一次角球进攻中上演绝杀，最终以这惊险的一球为乌拉圭赢来第二次胜利。"苏亚雷斯的"利齿"吸引了全世界观众的眼睛，他这一咬迅猛而凶悍，虽然事后受到了国际足联的处罚，但在当时确实为乌拉圭赢得球赛夺得了重要机会。丹娜干红中包含的厚重单宁在入口时往往能给人以猛烈的冲击感，舌尖上的味蕾就如同被当年球场上凶悍的苏亚雷斯咬了一般。喜欢丹娜的酒友们正是喜欢在这种独特的红酒中体验"痛苦中的快乐"。

丹娜葡萄酒由于含有丰富的单宁，因而具有出色的陈年潜力，可以长期在橡木桶中进行熟成，借助于氧气的作用，让粗犷、坚硬的单宁逐渐变得柔顺、精细。此外，为了"驯服"丹娜葡萄酒，酿酒师会使用一部分其他葡萄酒对丹娜进行"调教",使得经过充分发酵后的葡萄酒拥有更为柔和、饱满的口感。近年来也有许多科学家对丹娜葡萄酒的保健价值进行了研究,研究结果表明,由于丹娜红酒中含有丰富的单宁,其中也含有丰富的花青素、白藜芦醇、类黄酮、铁和酚类物质,较多的抗氧化成分有助于降低心血管疾病发生的风险,因此丹娜红酒也获得了一个"最健康葡萄酒"的称号。2017 年,丹娜红酒首次登上《葡萄酒观察家》年度百强红酒名单,排名第 41 位,以其厚重丰富的口感赢得了评委的赞赏。

服装

日常服装

由于受到欧洲殖民的影响,现代乌拉圭人常穿的服饰中,衣着风格都相对稳重保守,男士在出席正式场合时多身着西装打领带,与国际着装礼仪接轨。女装风格也相对保守。

特色服装

乌拉圭是一个有着诸多传统节日与习俗的国家,每年会庆祝的节日也数目繁多。在这些节日的庆祝活动中,穿着特色的服装也成了人群中一道亮丽的风景线。

男性特色服装

乌拉圭的高乔服装是最有拉普拉塔河流域民俗特色的传统服装。这种服装为男装,实际上是殖民时期欧洲文化与当地土著文化相结合的产物之一，因而在服装上也体现了不同文化融合的特点。

服装基本由靴子、衬衣、最有特色的灯笼裤（bombacha gaucha）、奇利帕（高乔人的一种服装，实际上是把一块布围在腰上，然后将后部从腿中间拉到前面打起结，弄成裤子状）、宽檐帽、马甲、斗篷和饰有民间图案的皮带几个部分组成。像斗篷和奇利帕都是土著人用以御寒的服装，保留在现代服装上也是土著文化体现在服饰中的显著特点。要说乌拉圭高乔人服装中体现的欧洲文化特点，则要看头上戴的那顶帽檐儿又宽又大、能遮挡太阳的宽檐帽了。这种帽子由欧洲传入当地后，被大量户外运动的军人和农民所采用。而人们穿的靴子最初的样子只是一双鞋上套有两根管子，农民以此来保护腿和脚趾在耕种作业时免受荆棘刺伤，后来则逐步演变成现在人们所穿的皮靴子。

女性特色服装

女性的特色服装风格与高乔男装相似，都是头戴宽檐帽，上身衬衣，身披斗篷或换成较适合女士的披肩，而女士的下身服装一般是一件至脚踝长度的长裙。旧时女性若要穿裙子骑马，则马背上会有专门为女性配备的女式马鞍，但如果没有这个条件时，女性也可以穿上如长裙般宽大的灯笼裤骑上马背。

礼仪

乌拉圭在社交礼仪方面与其他的拉丁美洲国家基本相同。

乌拉圭人大多性格开朗热情，因此当与外来客人见面时，即便是初次交往，都会主动打招呼。在正式场合多以先生和女士相称，也可在称呼上加上对方的行政或学术职称。乌拉圭人在社交场合与客人相见或告别时一般行握手礼；在与亲朋好友相见时也会行拥抱礼。男性好友见面时通常会拥抱或击掌，而女性好友则会互吻双颊，亲密的好友可挽臂同行。

在乌拉圭同样沿袭了欧洲的绅士习惯：如在进出公共场所的大门时，男士要为女士推门，先让女士进出；在宴会上为落座的女士推椅子、为女士上菜等，以示对妇女的尊重。

如同大多数西班牙语国家一样，乌拉圭人在赴宴或参与活动时不太守时，客人通常在约定时间半小时左右到达现场。乌拉圭人在赴宴时都会带上鲜花、蛋糕、酒等礼物。在受邀参加晚宴时，则应提前几小时将鲜花送到主人家中，以示尊重。由于乌拉圭的晚饭时间较晚，多在晚上九十点钟，因而晚宴结束时间通常也相对延迟，可能直到午夜才会结束。

当前往乌拉圭人家中拜访时，客人通常先要对主人进行礼节性的问候，征得主人同意后方可进入家中。当人们聚会时，谈论最多的话题通常是家庭、体育运动、时事以及天气，还有乌拉圭人的传统项目——足球。要注意的是，在选择话题时，最好不要谈论政治、历史等比较复杂的话题。

由于乌拉圭在2月、4月、12月等月份会有1～2个星期不等的节假日，许多人可能都处于放假状态，所以如果由于事务需求要到访乌拉圭，最好选择5月或11月，避开当地狂欢节、圣周及圣诞假等假期。

乌拉圭人在社交方面的禁忌与其他欧美、拉美国家基本相似，例如：乌拉圭人忌讳数字"13"以及"星期五"，因为他们认为这两个数字会给他们带来霉运；乌拉圭人忌讳青色，青色被他们看作是倒霉的颜色。

传统节日

乌拉圭法定节假日、传统节日时间[①]如下表所示：

节日时间	节日名称
1月1日	新年
1月6日	三王节/主显节
2月	狂欢节
2月	圣周
4月19日	三十三人登陆日
5月1日	国际劳动节
5月18日	拉斯彼德拉斯战役纪念日
6月19日	何塞·阿蒂加斯诞辰纪念日
7月18日	宪法纪念日/行宪纪念日
8月25日	独立日
10月12日	哥伦布发现美洲纪念日

---

① http://www.uruguaynatural.com/index.php/horarios-y-dias-festivos.

续　表

节日时间	节日名称
11月2日	万圣节
12月24日	平安夜
12月25日	圣诞节
12月31日	新年前夕

狂欢节

世界上很多国家都有狂欢节，无论是西班牙、葡萄牙这些欧洲国家，还是萨尔瓦多、巴西等拉美国家，每年都会举行大型的狂欢节庆典，各国庆祝节日的活动也都独具特色，各不相同。但在乌拉圭，这个世界上持续时间最长的狂欢节绝对不会令人失望。在这场延续四十多天的盛大狂欢中，无论是带有强烈乌拉圭色彩的乐队游行、幽默讽刺话剧等文艺演出，还是令人垂涎欲滴的特色美食，都隐藏着化烦恼为欢乐的神秘力量。

狂欢节最早起源于欧洲的中世纪，古希腊和古罗马木神节和酒神节都可以说是其前身。在基督教文化中，狂欢节其实与复活节还有着一定的联系。从前基督教徒们在复活节前有一段为期四十天的大斋期，必须严守戒律，乐趣寥寥。因此人们为了弥补未来一个多月肃穆沉闷的生活所失去的乐趣，便会在一月中旬到三月期间举行各种宴会和游行，尽情纵乐。而到如今，许多教徒都已不再严格遵守斋期，狂欢节的习俗却一直流传下来，并成为许多国家旅游业的重要项目。

乌拉圭的狂欢节自殖民统治时期一直流传至今，通常在一月中旬到二月末这段时间举办，持续40多天，被誉为"世界上持续时间最长的狂欢节"。在乌拉圭国内，不同地方举办的狂欢节也会有所不同。尤其是与其他国家接壤的省份，由于受到其他地区风俗的影响，产生了不同的特色。例如，在科洛尼亚，狂欢节活动主要以坎东韦和穆尔加歌舞游行为主；而在里维拉，其活动与风格则更靠近热情四射的巴西里奥狂欢节。在各色庆祝活动当中，首都蒙得维的亚举办的活动最为丰富多彩，也最负盛名，往往有许多游客慕名而来参与其中，一览乌拉圭的特色风情。

由于受到欧洲殖民者以及黑人文化的影响，乌拉圭狂欢节的活动中大多糅合了欧洲和非洲这两种截然不同的文化特点，最能显现这个特点的便是坎东韦和穆尔加表演。蒙得维的亚狂欢节的活动便围绕这两种特色表演而展开。在开幕式那一天，所有将在节日期间进行表演的队伍都盛装打扮，连同数万名慕名而来的游客，集中在蒙市最著名的大道——7月18日大道上，用热情点燃这场世界上历时最长的盛大狂欢。每年，举办方都会在狂欢节期间组织一场表演大赛，来评判表演者们在各种演出中的表现。裁判们参考参演队伍在各时段的演出效果，在狂欢节闭幕时从中选出最优秀的表演团体。因而，表演团体需要做大量的努力，准备工作甚至可以持续一整年，只为于节日期间在观众面前呈现出最好的表演效果。

蒙得维的亚的狂欢，是一场充满节奏感的狂欢。人们在节日活动现场的每时每刻，都能听到坎东韦的鼓点。在殖民统治时期，被贩卖到南美洲拉普拉塔河流域的非洲黑奴将这种带着浓烈班图文化气息的艺术带到了乌拉圭，让它在这里得到了传承和发展，现在已经成为乌拉圭人民熟悉并喜爱的艺术形式。这种珍贵的世界非物质文化遗产在历经乌拉圭百年的传承后，依然存留有非洲部落那份原始的热烈与野性。乐队所过之处，没有人能够不为所动，欢快而热烈的鼓点就如同操控提线木偶的手一般，让人的身体情不自禁地随着音乐一起舞动，参与其中。

不同于平日里三五鼓手自发组织起来的乐队，狂欢节里的坎东韦乐队在数量上则显得更加"气势恢宏"。节日巡游乐队由70—80人组成，其中表演的主体由约70名鼓手组成，还有几名扮演殖民统治时期人物的演员和一名女性黑人舞蹈演员。演奏时鼓手们将鼓用背带斜挎在肩上，排列成方阵在行进间演奏。当几十名鼓手共同演奏时，密集的鼓点持续地冲击着人们的耳膜，伴随着鼓手们时而振奋的一呼，不由得使人心潮澎湃。而女舞者穿着性感的服装走在队列最前方，身姿妖娆，舞蹈火辣，热烈而自信地展示着自己的舞姿，从中喷薄而出的热情有着十足的感染力，吸引着无数人的眼球。

狂欢节中最大的看点，除了有鲜明黑人文化特色的坎东韦，还有来自欧洲文化的穆尔加表演。穆尔加是一种起源于20世纪初的艺术形式，是西班牙加的斯地区的传统音乐到达当地经过发展后的结果。在乌拉圭嘉年华大赛的官方网站上，对于穆尔加表演是这样定义的：穆尔加是乌拉圭民间表达能力最强的表演方式之一。它以批评、讽刺和娱乐为基本特征，并用流行而通俗的语言进行合唱，除了表演中技术性的部分，其余内容都能为观众欣赏和接受。穆尔加的表演团队人数不多，通常只有14～17人，但这样的人数安排却最为合理，增强了表演团队的适应性，降低了对表演场地的要求，使得表演既可以在游行卡车上搭建的临时小舞台上进行，也足以撑起到"tablado"（西班牙语意为"舞台"）上的大型表演。

穆尔加相较于普通的歌唱表演，有着自己独特的魅力。穆尔加中的歌曲部分会分为多个声部进行和声演唱，高低跌宕之间，歌曲便比普通的齐声合唱更为灵动而富有层次感。表演时常用上大鼓、小鼓和镲片等乐器进行节奏伴奏，也可加入吉他等其他乐器共同伴奏。表演时长通常为45分钟左右，歌词中会对一年里在现实中曾发生过的事情进行批判和讽刺。演员脸上也会化上特别的妆容，用特殊的油彩将脸涂成白色，画上各式各样的花纹，再拿上奇形怪状的道具，穿上十分夸张的演出服，就像马戏团的小丑一样，滑稽而十分吸引目光。演员们夸张的装扮，加倍凸显了穆尔加表演中批评讽刺却风趣幽默的特点，使得表演极具观赏性。

在狂欢节的一个多月时间里，蒙得维的亚市内有许多大型的舞台表演，当地叫作tablados，在这里人们既能观看讽刺或幽默的音乐剧，也能欣赏乐团带来的音乐表演，内容丰富，因此每次表演都能吸引大量游客来观看。在一些较受欢迎的演出现场，每场的观众人数甚至能达到几千人。活动现场往往人头攒动，座无虚席，欢呼声、喝彩声源源不绝，衬出火热的节日气息。对于想要去放松和尽情狂欢的人们，这样大大小小的舞台表演便是绝佳的选择。观看一场精彩的演出，不需要耗费脑力和心思策划活动，也不需要耗费巨大的体力跟着游行队伍走街串巷好几千米，其所拥有的巨大吸引力甚至超过了乌拉圭精彩的足球比赛，给当地的旅游业带来更多的客流和收入。

当然，能在炎热的夏夜吸引大量观众的，不仅仅是精彩的歌舞表演，还有那各种各样的乌拉圭美食。香肠、油条、炸糖饼、夹着美味牛肉的汉堡包，还有经典的乌拉圭烤肉，这些美食绝对是狂欢节狂欢必不可少的一部分。许多商家都会在表演地周围摆上小摊，食物的香气四处飘溢，使人垂涎欲滴。走过路过的人们总抵挡不过这巨大的诱惑要去买上几份，观看表演的同时品尝美味的食物，同时享受视觉与味觉的双重盛宴。

除去蒙得维的亚的狂欢节，还有许多游客会选择在节日期间到乌拉圭的另一个城市——佩德雷拉，这是一个距蒙得维的亚市300千米的海滨城市。在这里度过的狂欢节，又完全是另外一番景象。如果要说蒙得维的亚市的狂欢节是传统歌舞的盛宴，那在这里，便是时尚潮流的疯狂派对，年轻的游客们是佩德雷拉狂欢节的主角。许多年轻人选择来到这里，是因为他们不需要跟在游行的队伍里，只扮演观众的角色。在这里的狂欢，游客不再是观众，而是直接参与其中。佩德雷拉的狂欢没有游行，没有传统的歌舞，通常以一场刺激的"泡沫大战"作为开幕。人们身着泳装或是随意的沙滩装聚集在大街上，手中持有各自的"武器"——一把水枪或泡沫喷枪，把"子弹"毫不留情地射向周围人。得逞的人能享受同伴尖叫声所带来的愉悦感，或者也能"收获"到其他同伴的一场合力围攻，变成一只狼狈的五彩落汤鸡。但在这里，人们可以不必在意形象，只管在喷洒五彩的泡沫时，带着满头满身的水和泡沫，跟随震耳欲聋的电子音乐肆意跳跃欢呼，尽情舞蹈。这样尽情的释放便是这场活动最具魅力之处。此时此刻的大街就如同一家巨大的露天酒吧，音乐声、欢呼声、喝彩声甚至是尖叫声都一直持续，从白天到深夜，从深夜至天明。在这场派对结束后，许多人还会选择在这里停留一段时间，享受这里的阳光、沙滩和海景。

乌拉圭狂欢节，在当地的众多节日中，是被公认的最值得参与的"盛宴"，有着与世界上其他狂欢节所没有的独特魅力，实属不可错过的风景之一。

克里奥尔周

每年的 3 月底或 4 月初，也就是复活节的前一周，便是乌拉圭的圣周。圣周在许多基督教或天主教国家里都是非常重要的节日，乌拉圭也不例外。通常这段时间，无论是在国有企业工作的员工，或是部分私有企业的员工和学生们都会获得一个星期的假期，参与活动或外出旅游，享受节日，留下个几近半空的蒙得维的亚城。

但是在乌拉圭，"圣周"的内涵远不止是一个宗教节日，更有特色的是一些与乌拉圭当地民俗文化相关的活动，这些活动对于当地人民的影响甚至比宗教活动更加重大，也更受人们的欢迎，所以这段时间在乌拉圭有着其他几个更为人熟知的名字。比如，在当地，人们更多地把"圣周"称为"旅游周"，因为在这段时间乌拉圭的每一个角落都会有来自各地的游客；又譬如在南部的派桑杜，"啤酒周"的名号和活动的光芒比圣周大得多，而圣周最为人熟知的名字，则还要数"克里奥尔周"。

"克里奥尔"（西班牙语：Criollo）一词出自殖民统治时期，指的是那些父母都是西班牙人，但出生在南美洲的白人。在殖民统治时期，克里奥尔人被认为是除了出生在西班牙的西班牙人以外的第二等人种，属于统治阶级，直至今日这种观念依然存在于许多阿根廷人的思想中。而在乌拉圭人的印象中，"克里奥尔人"基本上就等同于生活在马背上的"高乔人"。就如同美国西部牛仔一样，所以这些人也有一个独特的名字——"乌拉圭牛仔"。现在经过文化的融合，"克里奥尔"这个名词已经逐渐演变成了这个人群及其文化，甚至是当地文化的代名词。乌拉圭前总统何塞·穆西卡曾如此评价克里奥尔周："克里奥尔周展现了乌拉圭的文化，我们纪念它、庆祝它，因为这是我们骨血中的一部分。"

在乌拉圭，无论是什么节日或活动，都少不了欢歌笑语、美食美酒，大街上的盛装游行、坎东贝乐队的巡游，或是大大小小的舞台表演，都已经成为乌拉圭庆祝节日的"标配"。在乌拉圭的克里奥尔周，除了这些常规的庆祝活动，最吸引眼球的莫过于高乔牛仔们的驯马大赛。每至此时，成千上万的人都会选择到蒙得维的亚的普拉多公园去看一场惊心动魄的驯马大赛。即便代价是要在售票窗口前的数百米长龙等上好几小时，公园内看台上依然会挤满看客，座无虚席。这人山人海的景象无时无刻不体现着这场比赛的盛大，也预示着这场比赛将会是无比的精彩。

比赛开始前，选手们都穿着经典的牛仔服装——戴着牛仔帽，穿着格子衬衫、牛仔裤，脚蹬长马靴，纷纷在驯马场旁摩拳擦掌、跃跃欲试。他们一次次将腰间的皮带稳稳扎紧，屏气凝神，在一旁严阵以待。他们上场要做的事情说出来很简单，但做起来却十分困难，那就是使出浑身解数，在马背上待尽可能长的时间，直到比赛结束的钟声敲响。他们的"对手"则是一匹匹从大草原中选出的野马，性情刚烈，不服管教，要驯服它们需要极大的勇气和高超的技术。面对这个巨大的挑战，许多经验不足的牛仔都会在刚刚翻上马背之时便被马儿掀翻在地；也有一些牛仔本着"重在参与"的信念，选择在马背上做出一些滑稽好笑的动作来逗得观众们捧腹大笑，即便人仰马翻，跌落在地也毫不在意，爬起来俏皮地一鞠躬便退下场去。当然，选手之中也会潜伏着一些真正驯马高手。比赛钟声敲响，人们的眼光便跟随着他们的英姿，看他们利落地翻身上马，紧握缰绳，看他们在马背上全神贯注的状态，以致全身的健壮肌肉都紧紧绷着，在骏马的狂野移动上下起伏间不断更换着防守姿势，以此保持重心，直到比赛结束。这样的实力选手往往能得到人们的满堂喝彩，赢得至上的荣誉。比赛进行期间，人们看到的一幕幕可能是滑稽可笑的，也可以是紧张刺激的，让人们的心情犹如坐过山车一般，实在是刺激过瘾。但是，选手们的对手终究是凶悍的烈马，因而也存在着一定的危险性，就如同西班牙的奔牛节一般，惊险刺激之余，总会有不幸运的选手因此而受伤，甚至有可能会就此丢了性命。然而，也正因为这份危险性，使得这场人与动物间的较量更具看点，彰显了高乔牛仔们无畏的精神与智慧。

在乌拉圭历史上，大草原上的游牧民族扮演了极为重要的角色，也打下了深刻的烙印。克里奥尔周正是现代乌拉圭人对历史的传承，是他们对自身民族本质身份的找寻，多姿多彩的庆祝活动就像一场场传统、历史与现实的相遇，让如今的乌拉圭从民族艺术和传统中回顾这条从农业文明发展而来的历史道路，提醒他们不可忘却这深刻的历史渊源。

其他节日

在乌拉圭的诸多节日中，很多都是与其独立的历史事件及人物相关，例如：三十三人登陆日、拉斯彼德拉斯战役纪念日、何塞·阿蒂加斯诞辰纪念日以及独立日等。人们通过这些节日来铭记乌拉圭东岸共和国成立前人们为了独立和自由所做出过的努力。

因而，这些节日对于乌拉圭人来说，其历史意义远大于其他节日的娱乐意义。要介绍到这部分的节日，就不得不提及乌拉圭那比其他南美洲国家都更曲折一些的独立史，还有那位被乌拉圭人民尊称为"国父"的何塞·阿蒂加斯先生了。

1810 年前后，一股独立的浪潮席卷了南美洲的拉普拉塔河流域，大河两岸的国家纷纷开始了独立战争，来推翻西班牙殖民者在这片土地上持续了几百年的统治。在殖民统治的压迫下，当时许多乌拉圭人民心中都已燃起了独立之火，尤其是性格刚烈的高乔人，更是纷纷表示愿意为国家的自由独立而战，甚至献出自己的生命也在所不惜。在这样的情况下，乌拉圭的民众最缺少的，是一位能站出来率领这场独立之战的领导者。正所谓时势造英雄，何塞·赫瓦西奥·阿蒂加斯的出现，恰好满足了时代与人民对于独立和解放的需要。

　　1811 年 2 月 26 日凌晨，一小群反抗者在索里亚诺地区的阿森西奥河岸上聚集起来，借着夜色的掩护，在这个隐蔽的地方正式宣布武装反抗西班牙的殖民统治。乌拉圭人给这次行动取了一个充满力量的名字："阿森西奥的怒吼"，以此纪念乌拉圭人民为自由而战的首次发声。地区周围的民众也纷纷加入，使得这支原来只有 200 多人的队伍逐渐变成了一支革命的军队。

　　经过几个月的锤炼，这支由民众组成的队伍虽然在组织性和纪律性等方面都还比不上真正的军队，但由于队伍中有许多成长于艰苦环境之中的高乔人，凭着他们在以往生活中锤炼出的坚定意志，这支队伍逐渐成长为一支具有一定战斗力的军队。1811 年 5 月 18 日，这支队伍便迎来了一次巨大的挑战：拉斯彼德拉斯战役。当时，一支近 1 000 人的西班牙军队占领了拉斯彼德拉斯村庄附近地区，在阿蒂加斯将军的带领下，这支爱国者队伍向西班牙军队发起了进攻。经过 6 小时的鏖战，西班牙人被彻底打败。这场战役的胜利也彻底扭转了这片地区的斗争局势： 西班牙军队的补给线被切断，爱国者军队一路清除蒙得维的亚市周围的西班牙军队，逐渐逼近了蒙得维的亚市。这样的局势不但给了乌拉圭民众莫大的信心，还给其他处于水深火热的斗争中的国家带去极大的鼓励。后来，乌拉圭政府将每年的 5 月 18 日定为"拉斯彼德拉斯战役纪念日"，来纪念这一场改变历史的重大战役。

在人们的不懈反抗下，西班牙在拉普拉塔河地区的统治活动逐渐力不从心。正是在这样的情况下，当时的西班牙政府联系了盟友葡萄牙，冒险让葡萄牙占领了拉普拉塔河地区。这一举措使得乌拉圭当地的局势迅速复杂化，并再次陷入了葡萄牙统治的威胁当中。东岸生活的人民在为西班牙军队报复而担惊受怕之余，还要遭受葡萄牙军队的疯狂掠夺，到处都留下了葡军烧杀抢夺的痕迹。带着对生存和自由的渴望，许多乌拉圭民众都不得不开始了逃亡的生活。阿蒂加斯带领乌拉圭民众进行了这次艰苦卓绝的"出东岸记"。这一出"出东岸"赋予阿蒂加斯神圣的任务，他一路带领军队给人民以保护，也使得他从一个带领革命的将军变成了备受人民尊敬的"国父"，成了一个独立国家的领袖。在乌拉圭东岸共和国成立后，人们会在他的诞辰日举行纪念活动，以此纪念这位带领乌拉圭人民摆脱殖民统治、为国家独立作出巨大贡献的伟人。

如前所述，乌拉圭的独立之路远算不上顺利，相比其他拉美国家甚至更加艰难曲折。接下来的十多年间，乌拉圭既成为过阿根廷的"东岸省"，也成为过巴西的"西斯布拉丁州"，东岸人民又在葡萄牙的殖民统治下，度过了十多年动荡不安的生活。直至1824年末1925年初，不甘被压迫的人民再次燃起了心中的独立之火，再次反抗殖民统治。1824年12月，玻利瓦尔带领秘鲁战胜了南美洲的最后一支西班牙军队。此时，除了东岸的乌拉圭人民，曾经被西班牙统治过的整个南美洲都已经得到自由。那些流亡到布宜诺斯艾利斯的乌拉圭民众得知这个消息后，在马努埃尔·奥利维和胡安·安东尼奥·拉瓦列哈两人的领导下，开始了他们解放东岸故土的计划。他们要带领队伍渡过拉普拉塔河，登陆乌拉圭，开始乌拉圭人民反抗巴西的斗争。1825年4月19日，东岸省的爱国者们打响了他们再一次争取独立之战的第一枪，33名爱国军人在拉瓦列哈的带领下，开着船渡过拉普拉塔河，在科洛尼亚的拉西亚达海岸登陆，引领东岸人民起义反抗，开始了反巴西统治的武装斗争。后来人们将每年的4月19日设定为"三十三人登陆日"，以此来纪念这33名冒险前来解救东岸人民的勇士。

乌拉圭独立之路艰难而曲折，最终才能换来乌拉圭东岸共和国的成立。在这些缅怀历史的特殊节日中，乌拉圭各地政府、学校都会举办纪念活动，以此纪念独立平等的来之不易，带领生活在和平中的后辈们缅怀那些曾为自由而战，甚至牺牲生命的先辈。

民间歌舞

探戈

探戈无畏错步，不像人生。它简单，所以迷人。

——电影《闻香识女人》

　　许多人对于探戈的了解，都始于经典电影《闻香识女人》。当身着西装的法兰克优雅地从位子站起，牵起唐娜的手走入舞池时，好戏便开始了。唐娜的青涩拘谨配上法兰克的风度翩翩，摩擦碰撞间产生出的火花和氤氲的暧昧气氛始终勾着人们的心弦，每一个舞步都拥有令人心神激荡的超凡能力。随着乐曲《一步之遥》开始，小提琴高调而华丽的音色缓缓流出，两人的舞步也跟随着蜻蜓点水般的节奏而慢慢展开。此时唐娜的舞步羞涩而拘谨，每一步都小心翼翼，令人不禁屏住呼吸。忽而曲风一转，低沉有力的钢琴低音稳稳托住了小提琴音，加入手风琴的大气，前段的柔美霎时变得热烈，二人的舞步配合得也越发默契。前进后退间，不由得显出了女孩几分意气风发，还有那位绅士的游刃有余。欢快与激情过后，钢琴又用几个简单的音符让乐曲回到最初，轻轻一收，完美结束。绅士与少女的舞步配上这刚柔并济的舞曲，让人看得酣畅淋漓却又意犹未尽，旋律久久盘旋在脑海之中，挥之不去。片段不长，却足以让看客见识到探戈这门艺术的魅力，勾起人们的兴趣，让人陷入翩翩舞步的美好遐想之中。

当人们对探戈有更深入一点的了解，或许会将那丰富多彩、情感细腻的探戈与著名的"探戈之都"——布宜诺斯艾利斯联想起来，向往着"南美洲巴黎"的浪漫风情。但是却很少人知道在探戈的世界舞台上，还有一片被布宜诺斯艾利斯的巨大光环所遮掩的探戈热土，那便是坐落在拉普拉塔河对岸的乌拉圭首都——蒙得维的亚。

探戈发源于拉普拉塔河流域蒙得维的亚和布宜诺斯艾利斯两市郊区。在殖民统治时期，非洲音乐坎东韦、拉美音乐米隆加以及西班牙殖民者的欧洲音乐文化等许多元素都汇聚到了拉普拉塔河沿岸地区，文化之间的碰撞与发酵使得"混血儿"——探戈出生在了当时贫穷、苦闷的无产阶级之间。经过一个多世纪的演绎和变化，探戈现在已经成为广受人民所喜爱的舞蹈艺术，闻名世界。2009年，布宜诺斯艾利斯和蒙得维的亚两座城市市政府联合向联合国教科文组织提出申请，并成功将探戈列入人类非物质文化遗产名录，自此以后这项艺术成了世界共有的财富。

探戈艺术根源于殖民统治时期的无产阶级，因此常常表现的主题也都来源于底层人民的生活，可以表达对现实不公的反抗，讲述对未来生活的憧憬，也可演绎爱情的历程、诉说心中的忧伤。人们在舞蹈中发泄自己的情感，也使得探戈的表现内容更加丰富，表现力更加张扬，往往能给观众带来视觉及情感上的猛烈冲击。

街头围观的人们

啧啧称美，起哄喝彩

因为两个男人随着莫罗查的节拍

敏捷地在跳探戈舞步

——埃瓦里斯托·卡列格《异端的弥撒》

从上面的一首小诗可以看出，其实在 19 世纪末，在探戈刚兴起时，其形式并不如同现在这般，男女舞伴搭配在舞池中，充满着艺术的高贵气息。相反，活动地点反而常在城市郊区，甚至是妓院中，或是男人和男人直接在街头搂抱，跳起探戈，舞蹈动作中还带着强烈的同性挑逗意味。也正是这个原因，当时探戈被认为是一种"伤风败俗"的行为，为上流社会所不齿，就连中产阶级家庭也会对这类活动嗤之以鼻。后来探戈被传入巴黎，使得欧洲人感受到了这项新艺术的魅力，成为上流社会风靡一时的社交活动。当它从欧洲再次回到南美故土时，才逐渐褪去卑微的标签，受到人们的尊重和热爱。

一个世纪以来，两国人民对于探戈到底发源于哪里这一问题始终存在不同意见。有人认为探戈最先出现于布宜诺斯艾利斯，也有人认为探戈最初出现在蒙得维的亚，直至现在也未得出确切的结论。但在探戈的发展历史上，乌拉圭和阿根廷都发挥了不可或缺的作用。自探戈出现以来，大量的乌拉圭作曲家曾为探戈音乐的发展做出过里程碑式的贡献，譬如世界上最为著名的探戈舞曲《化妆舞会》（西班牙语名：*La Cumparsita*，也译作《假面游行》），便是由当时只有 18 岁的乌拉圭人赫拉多·马托斯·罗德里格斯于 1919 年写成。这首由一名蒙得维的亚建筑系学生谱写的舞曲在 1924 年被传到了巴黎，在遥远的欧洲一炮而红，继而在世界各地的探戈舞池流传开来，并成为探戈舞曲的代名词，被无数影视作品引用作为插曲。2017 年，蒙得维的亚市举行了这部作品诞生的 100 周年庆典，蒙得维的亚市市长丹尼尔·马丁还亲自为舞曲的艺术雕像揭幕，以此纪念这首全球最有名的乌拉圭探戈作品。

在蒙得维的亚市的文化中心阿布达西亚集市内，有一家名为"年轻探戈"的舞蹈协会，自成立以来，这里聚集了无数热爱探戈的舞者们，无论男女老少，热爱探戈的他们总会在百忙中抽出一个夜晚，精心挑选出一双心爱的舞鞋，穿上利落而不失性感的舞服，与舞伴一同迈入舞池当中，跟随着节奏分明的音乐跳起那充满技巧性的舞步，或干练，或深情，尽情享受夜色中酣畅淋漓的激情。协会还创立了一个探戈国际音乐节，节日的名称仿佛也沾染上了舞者们对探戈的热爱——"探戈万岁"。这门已经融入拉普拉塔河两岸人民血液中的艺术，也会在这份热爱与热情之中继续发展下去，凭其无尽的魅力走进更多人的心中。

坎东韦歌舞

从高空俯瞰整个蒙得维的亚，大片的深蓝包围了整个城市，高楼大厦耸立于氤氲水汽之间，与非洲炎热干燥的景象大相径庭。如果对美洲历史不很了解的人，很难把这么一片陆地与非洲联想起来，更不会想到，在蒙得维的亚市的巴勒莫区，无论是街道上行色匆匆的、有着深色皮肤的行人，还是街道两旁的彩色涂鸦，甚至是空气中时而飘来的一段乐声，都能让人着实感受到非洲文化非但确实存在于此，而且还给这座城市留下了不可抹去的独特印记。坎东韦歌舞便是这文化交融的结晶，它的存在赋予了这座城市一丝诱人的律动感，使其即便在大洋的沉静中也充满着生机与活力。

坎东韦实际上是一种音乐艺术形式，它的故土便是大洋彼岸遥远的非洲大陆，最初出现于 18 世纪晚期的青年奴隶群体当中。后来由于殖民者的三角贸易，其中相当一部分人被迫来到了大西洋的西岸——南美洲，坎东韦的文化也随着满载黑奴的航船，传播到了南美拉普拉塔河流域。在文化的碰撞与交融中，渐渐地，坎东韦也在乌拉圭的大小舞厅、学校和私人聚会中风靡开来，成了一种融入大众生活的艺术形式。

坎东韦艺术中流淌着非洲班图文化的血液，演奏的音乐中常常表达非洲黑人被贩卖到南美洲充当奴隶的哀伤，同时也流露出他们深深的思乡之情。1751—1810 年，蒙得维的亚接收了大量通过西班牙和英国船只运来的黑人奴隶，在统治者对他们民族的文化进行压制时，这些奴隶们便只能通过歌舞来表达对家乡的眷恋及自由的渴望。在 19 世纪初期，南美洲独立战争时期，蒙得维的亚当地政府曾一度被这种表演所困扰，认为这种表演是对当局权威的挑战，是威胁公众道德标准的存在。因此统治者们下令严惩参与表演的人，试图以此禁止坎东韦歌舞在民间的流传。这种形势使得坎东韦的表演者们只能隐秘地进行"地下表演"，无法光明正大地公开演出。一直到 1842 年奴隶制废除时，坎东韦表演者们才得以重见天日，涌到大街上尽情歌舞。从那时起，坎东韦在发展和融合间逐渐成为乌拉圭能代表国家身份的重要特点之一。

对于乌拉圭的民众来说，坎东韦并不只意味着一场平常的演出，这是志趣相投的人们交流的方式。在蒙得维的亚的巴勒莫区，常常有街头鼓手带着自己的鼓，随意地在夕阳下敲打起坎东韦的节奏，鼓声传遍整个街区，附近的鼓手在听到之后也会纷纷敲起自己的鼓，一遍响应着，一边向他靠拢，聚集到一起共同演奏一曲。这是一个自从 19 世纪末就已形成的习俗，他们把这个过程称为"召唤"。乌拉圭二月狂欢节的末尾，有一个名为"召唤节"的节日，便从这一习俗而来。每到召唤节时，蒙得维的亚的居民和游客就会纷纷聚集到南区大街上参与节日的狂欢，大街小巷中都能听到热烈的鼓点，人们伴着鼓声尽情歌舞，彰显节日的气息。

要演奏这种充满乌拉圭风情的音乐，鼓是最为重要的乐器。鼓的类型主要有三种： 钢琴鼓、奇科鼓和一种名为勒皮尼克的鼓。

钢琴鼓的鼓面直径大约有 16 英寸，是 3 个鼓中体积最大的，也是音调最为低沉的一个，它的存在就如同流行音乐当中的贝斯，为坎东韦乐曲的演奏提供稳定的节奏基础。

奇科鼓的鼓面直径只有 8.5 英寸，体积就如同它名字当中的"chico"一般（西班牙语： 小男孩），体积较小，是 3 个鼓中音调最高的鼓。

勒皮尼克鼓鼓面直径约 12 英寸，音调音色处于钢琴鼓和奇科鼓两者之间，它的鼓声主要在坎东韦音乐中起润色的作用。

演奏坎东韦音乐的乐队被称为"cuerda"，在西班牙语中意为"绳子"。一个乐队至少由分别演奏钢琴鼓、奇科鼓和勒皮尼克鼓的 3 名或更多鼓手所组成。很多时候演奏并不局限于固定的演奏位置，鼓手们也常将鼓用背带挂在肩上，跟着节奏踏起舞步；一手持鼓，另一手执鼓棒进行演奏。在蒙得维的亚市，弗洛雷斯岛大道连接了瓜雷姆和安西那威两个地区，也融合了这两大坎东韦音乐社团的演奏风格。在将近一个世纪的时间里，一些获得赞助的坎东韦乐队也常常在弗洛雷斯岛大道上进行游行表演，一直延续至今。当坎东韦乐队沿着蒙得维的亚的大街小巷缓慢前行时，其极富感染力的节奏总是能吸引沿路的民众加入歌舞当中，途径之处民众纷纷打开门窗观看，让紧凑的鼓点中传出的热烈而奔放的气息涌入家中。当巡演队伍中途停下稍作休息时，他们总会点起篝火，将鼓围在火旁，让火烘烤鼓面的皮子，以此达到调整鼓的音调和音色的目的。

这也是坎东韦乐队演奏时特有的举动。

相传，起初在殖民时期，刚刚来到南美洲的黑人们把他们表演的歌舞、乐器、演员和场地都称为"探波"，而在乌拉圭废除奴隶制后，根据资料记载，蒙得维的亚及乡村地区的这类非洲音乐和舞蹈都被称为"tangós"，这个词既指代演奏的乐器，也指代在宗教仪式上表演的歌舞，因此也有一种说法，坎东韦歌舞是拉丁美洲最有名的音乐流派——探戈的起源之一。

几个世纪以前，非洲人民越过无边的海洋，将这份珍贵的艺术带到了南美洲的海岸，那时的坎东韦还只是属于他们思乡的独特情怀。而如今，坎东韦早已成为乌拉圭的国之瑰宝，喜爱它的人们早已不局限于黑人后裔，无论年纪大小，男女老少，喜爱这种艺术音乐的人都热衷于分享音乐和舞蹈中的快乐，在一代又一代人的手中，完成了这种珍贵艺术的传承。

其他歌舞

在乌拉圭文化中，舞蹈是一个十分重要的组成部分。在大街上、酒吧中、俱乐部里都能看见各种各样类型的舞蹈表演。孩子们从很小的时候便开始学习跳舞，成人们也可以在此学习到任何一种形式的乌拉圭传统舞蹈。在 19 世纪上半期，有三大舞蹈流派在乌拉圭悄然兴起，在乡村地区流行起来，成为当时最新鲜的事物，同时也是人们度过欢乐美好的时光必不可少的活动，这三种舞蹈便是：梅地卡纳（la Media Caña）、谢利托（el Cielito)以及佩里孔

(el Pericón)。

这三种舞蹈的特点非常相似，其形式大多是非固定式的对舞，常常多对舞伴合作来做出特定的动作。三者也因此常常被人们放在一起，后来甚至连名字都被连在一起，比如"Cielito apericonado"或者是"Pericón de media caña"，等等。这几种舞蹈与其他舞蹈最大的不同在于，舞者之间的搭配并非是固定的，在一队表演者中，舞伴的搭配无时无刻不在随着队形、动作而变化。

梅地卡纳

19 世纪上半期，在乌拉圭流行着三种尤其具有国家特色的歌舞形式：佩里孔歌舞、谢利托歌舞以及梅地卡纳歌舞。

梅地卡纳最早在 19 世纪 20 年代出现在拉普拉塔河流域，在第二次乌拉圭战争时期便在乌拉圭流行开来，阿根廷罗萨斯时期被传播到了阿根廷境内，大多流行在高乔人之间。也正因它与这个生活在马背上的民族有着密切的关系，一开始它并不属于舞厅中的交谊舞。它没有交谊舞的诸多规范和拘谨，相对更放松和自然。有学者把它归类在"烛焰舞"之中，认为它是群体舞蹈的一种。而关于"梅地卡纳"这一名字的来源，大众最为熟知的说法是，此词出自19 世纪 30 年代当地的一出独幕喜剧《奇维科和潘察的婚礼》。蒙得维的亚当地的报刊在刊登该剧目的宣传内容时曾写道："在《奇维科和潘察的婚礼》中将会有佩里孔①进行梅地卡纳表演。"在阿根廷作曲家阿尔图罗·贝鲁提写就的名为《民族气息》的系列文章中曾对梅地卡纳舞蹈有过一段描写,他认为梅地卡纳舞蹈从萨马奎卡舞蹈中发展而来,"梅地卡纳舞蹈是人们能够想象到的最为原始而有趣的舞蹈",因为它的跳法十分有趣,舞者们跳梅地卡纳舞蹈时会围成半圆形,而且每对舞伴之间的动作、舞步都要在不经意间显露出两人间或有或无的亲密关系,营造出一种暧昧的氛围,尤其值得玩味。

跳梅地卡纳舞时常常有八对或十对舞伴,组成一个人数并不庞大的小团体。这十几二十名舞者围成圆圈,跟随着吉他声迈出他们的舞步。每当开始时,吉他手会弹奏一段带着萨马奎卡风格的乐曲,和着乐声随意唱出一句歌词。此时人们围绕圆圈缓缓舞动,直到他们转动到起初的位置便停下脚步。继而吉他手在吉他共鸣箱的木板上重重一击,宣布这段乐曲的结束,转入表演的下一部分。这时每位舞者才正式站到舞伴对面,开始人们所较为熟悉的表演:男士向女士表达他的爱意,而女士给予他回应,就如同两人间真的产生了爱慕一般。这部分结束,吉他手弹奏出的音乐转变成华尔兹风格,舞伴两人便又牵手跳起了华尔兹的舞步,仿佛进入了情侣的热恋期,两人执手相依,舞步也在3/4的拍子中轻柔而缓慢地转动,共同表演的舞者们在舞步变幻之间,仿佛能够

---

① 这里的"佩里孔"指的是舞蹈指挥而非佩里孔歌舞。

生出一丝真实的暧昧情愫。这也正是梅地卡纳舞所具有的独特而吸引人的魅力，足以让它成为一部分人心目中最为原始而有趣的众多舞种之一。

谢利托歌舞

在乌拉圭前几次的独立战争中，一种载歌载舞的音乐形式出现在了乌拉圭人民之间。它的发展历程并非十分清楚，它在民间发展的时期如今亦是众说纷纭。这种音乐形式便是与梅地卡纳和佩里孔同根同源的谢利托歌舞。

谢利托歌舞活跃在殖民统治时期，既活跃在烽烟战火的前线，也出现在舞厅、剧院以及大街小巷之间，完美地融入当地的音乐表达中，其编舞、歌词、编曲也各有特色。谢利托歌舞表演通常有 4 人，两对舞伴前后排列，形成一个小四边形。吉他手唱歌时，他们便起舞，其舞步时而缓慢流畅，时而又显现出一丝轻快活泼的特征。等到第二小节唱完，他们便手牵手成围栏状，在跳舞的地方旋转绕圈。过后，手牵手成链条状继续舞蹈。整个过程中，这几个步骤交替进行。歌词通常是四行诗，每句八个音节，两两间完全押韵或押近似韵。音乐则由两个部分组成，每部分有四句词，与其歌词的形式相契合。在音乐方面，谢利托其实还糅合了从欧洲传播过来的小步舞曲风格。在 1820 年前后，小步舞曲从欧洲传到了拉普拉塔河一带，被融入当地克里奥尔人的民歌之中。而它和谢利托歌舞融合也成了欧洲文化和当地文化融合的表现之一。

无论是在乌拉圭，还是在世界其他地方，热爱这种歌舞的人们都知道一首名叫《美丽的谢利托》的曲子，在 1882 年由墨西哥作曲家基力诺·门多萨·依科尔德斯创作并发行。这首歌的风格偏向民歌风格，朗朗上口，很快就风靡开来，成为一首家喻户晓的流行歌曲。

　　然而谢利托歌舞对于乌拉圭人民而言其实还有着十分特别的历史意义。在乌拉圭人看来，谢利托歌舞就像是祖国大地上驶过的隆隆战车，在殖民统治的黑暗中为他们带来自由独立的曙光。由此可见，谢利托歌舞对当时的人民而言，其精神意义可谓非凡。还有一种说法，认为谢利托歌舞在圣马丁将军领导的解放战争时期是军队中传达口头命令的一种独特方式。也正是因为这个说法，谢利托歌舞有了"战时音乐"的名称。19 世纪中叶，谢利托舞曲很快便在乌拉圭、阿根廷、巴拉圭以及智利等南美国家中流传开来。而在乌拉圭流行之时正值"东岸革命"时期，因而谢利托歌舞也被认为是爱国歌舞之一。著名的高乔文学作家巴托洛梅·伊达尔戈也是"谢利托"的忠实粉丝，在他的作品中这种歌舞有着很高的出现率。

　　充满爱国情怀的谢利托歌舞在 1813—1830 年这段时期传遍了乌拉圭的大街小巷，在自由独立夺得完全胜利后，它又自然而然地转变为人民手中针砭时事的武器。乌拉圭作家、艺术批评家雨果·加尔西亚·罗福莱斯曾这样评价当时的谢利托歌舞："谢利托歌舞是真正为解放运动发声的艺术。在伊达尔戈的作品当中，已显现出后来高乔文学所呈现的成熟的社会批评。"①

如今，乌拉圭的一些民间歌舞团体对传统的谢利托舞蹈进行重新编舞，歌手们也尝试着为谢利托舞注入新的血液，使得这项艺术逐渐完成从传统到现代的转变，更好地融入现代乌拉圭民族艺术的发展当中，以此纪念当年民族解放的壮举，庆祝家园的重生和发展。

佩里孔歌舞

在19世纪流行的各种歌舞风格之中，最为著名的便是佩里孔舞了，它甚至被乌拉圭和阿根廷推崇为"国舞"。"佩里孔"这个词语最初出自东岸人民的口中，学者卡洛斯·贝加②认为佩里孔舞是从谢利托演变而来的；有些学者则认为谢利托舞和佩里孔舞都是从梅地卡纳舞蹈中延伸发展出来的。在殖民统治时期，每当有重大节日或活动结束，两国人民都有着在活动结束前跳一段佩里孔舞蹈，以庆祝活动能够圆满结束的习惯。在乌拉圭许多地方，这个习俗一直被延续到了今天。在20世纪20—50年代，佩里孔舞在乌拉圭的发展到达了顶峰。然而，情况却在19世纪下半期急转直下，佩里孔舞遭受到了冷落，一直到1885年前都处于被公众所遗忘的状态。然而，在1889年发生的一个小故事却又使得佩里孔舞重新

---

① https：//uruguayeduca. anep. edu. uy/sites/default/files/2017-08/Cielito-1. pdf。
② 卡洛斯·贝加 (Carlos Vega, 1898—1966)，阿根廷音乐家、作曲家、诗人，被誉为"阿根廷音乐学之父"。

回到了公众的视线之中。

1889 年，一位名为何塞·波德斯塔①的马戏团主出现在乌拉圭，他的马戏团正驻扎在蒙得维的亚市，进行哑剧《胡安·莫雷拉》的表演，而改变佩里孔命运的事情就发生在这次演出中。每次马戏团表演的最后，会有一场猫舞表演，而一位名叫艾利亚斯·乐古勒斯的先生向何塞提议用佩里孔舞蹈来替换猫舞表演，而他会负责教会马戏团团员们跳佩里孔舞。第二天早晨，艾利亚斯带着几名吉他手，在伴奏下教会了演员们跳佩里孔舞。第二天晚上的表演非常成功，获得了观众们的喜爱。这一场演出使得佩里孔舞重新回到了观众的视线，并随着波德斯塔的马戏团，传到了意大利和西班牙。

乌拉圭人在表演佩里孔舞时，通常会穿着乌拉圭的传统服饰。女士通常身着长裙，手拿一条丝巾，不用时将其折成三角系在后颈，而男士则是一身牛仔装扮：头戴牛仔帽，身着衬衣、马裤，脚蹬马靴，皮腰带系在腰间，挺拔的腰背尽显男子气概。

佩里孔的舞蹈通常包含几个动作：摇摆、转半圈、牵手相连、踢踏舞步、华尔兹舞步、转圈、后退以及谢洛舞。由于佩里孔舞融合了多重的舞蹈风格，因此其自身的舞步也相对更加复杂。但

---

① 何塞·波德斯塔（José Podesta），乌拉圭演员兼剧作家，出生于 1886 年，曾把阿根廷作家埃杜亚尔多·古蒂埃雷斯的小说《胡安·莫雷拉》改编为哑剧，在马戏团演出，后来加上对白，成为正规戏剧。舞台上出现的这个草原高乔英雄的事迹，风靡了拉普拉塔河两岸的蒙得维的亚和布宜诺斯艾利斯，使高乔戏剧成为乌拉圭和阿根廷民族戏剧的第一股浪潮。

是表演时变化多端的队形和舞步，配上女士身上的大摆长裙，裙摆不断起落间，就像一片片花瓣随风飞扬。而衣着利落的男士则像一根花蕊，演员们在旋转停顿、前进后退间就像几朵花儿在曳动，队形转变之间透出万花筒般绚丽的观感。

米隆加歌舞

拉普拉塔河的沿岸孕育出了世界知名的探戈，深受各地人民欢迎。而在阿根廷和乌拉圭，人们除了跳探戈，探戈的起源之一——米隆加舞也依然活跃在人们的生活当中。

16 世纪的阿根廷和乌拉圭就像一个各种文化的大熔炉，汇聚了来自西班牙、法国、意大利以及许多其他国家和地区的人民。在这样多种多样的文化互相碰撞之下，很快就摩擦出了许多新的文化火花，在音乐舞蹈方面也是如此。华尔兹、波尔卡、玛祖卡、西班牙音乐、拉美当地音乐等，来自世界各地的音乐流派汇聚于此，为新的民间音乐流派产生提供了无比肥沃的土壤。而米隆加歌舞正是在这样的文化环境下，静静地在拉普拉塔河两岸的小村庄里诞生了。

米隆加音乐源自拉普拉塔河流域，受到一种名为"帕亚达"的当地音乐的影响，其中却也流淌着古巴哈巴涅拉[①]音乐以及波尔卡

---

① 哈巴涅拉舞曲（Habanera）原是非洲的黑人舞曲，后来传入古巴，又由古巴传到西班牙。这是一种中等速度的二拍子舞曲，旋律常常包含附点节奏和三连音，节奏富有弹性。

音乐①的血液。其节奏轻松明快，通常是快节奏的 2/4 拍子，但节奏一旦放缓，舞者就能从中感受到它跟探戈音乐的相似之处。只是发生了这样一个小小的变化，现代的探戈便从米隆加中脱身而出，诞生在了 19 世纪初的拉普拉塔河沿岸。到 19 世纪末，米隆加音乐发展到了它的巅峰时期。

米隆加舞蹈在世界舞蹈圈子中也十分有名，因为它的舞步与探戈非常相似。相较于探戈，米隆加舞蹈对身体以及腿部放松程度的控制要求更高，追求与舞伴动作上的一致与融合。因而米隆加舞蹈虽然看起来是一种很放松的舞蹈，但却在舞步中增加了速度及停顿的技术难度，也对舞者的身体控制力有更高的要求。米隆加舞蹈里还有一个非常有趣的元素，就是其中所包含的喜剧成分。这也许是因为米隆加的舞步曲折多变，身体在运动中忽停忽动，夸张的姿势中便由此生出了一丝喜感，让舞蹈看起来也有了幽默感。米隆加舞蹈还有一个与探戈十分相似的地方，那便是舞步间的停顿，高水平的舞者能够很好地控制自己的身体，能在瞬时做到完全停止，以此配合音乐的停顿，给人一种充满力量与活力的感觉。

在"米隆加"成为这种歌舞流派的名字后，它也变成了所有米隆加舞蹈或是探戈舞场的代名词。在阿根廷和乌拉圭，人们通常在周末聚到米隆加舞场跳上四五个小时的舞。在这段时间里，人们可

---

① 波尔卡是一种捷克民间舞蹈。英文名为 polka，舞曲大致分为急速、徐缓和玛祖卡节奏等 3 种类型，一般为二拍子，三部曲式，节奏活泼跳跃，在第二拍的后半拍上常作稍微停顿的装饰性处理。

以跳探戈，也可以跳米隆加，并不受任何限制。由于米隆加诞生于郊区较为贫穷的乡村地区，所以其用于演奏的乐器也都是十分常见的，如吉他、长笛、小提琴、钢琴、竖琴等。不管是在米隆加舞场，还是在街头上，只要人们迸发出了表演的欲望，便可以不限时间、不限地点地尽情起舞。这样的场合对于舞蹈新手们也是非常友好的，他们可以在其中学习跳舞，也可以满足自己的表演欲望。不需经过专业学习，只要能跟随着街头的音乐，随节奏律动，也能收获一片鼓励的掌声。

足球文化

国民运动——足球

"你如时间般永恒，你会在每个春天来临之时鲜花盛开。"

乌拉圭佩纳罗尔俱乐部的这句座右铭应该就是乌拉圭人心中对于足球运动最恰当的诠释了。在这个位于南美大陆的东南部，总人口三百多万人，夹在阿根廷和巴西之间，国土面积只有阿根廷的1/15、巴西的1/45的国家，足球之花已经盛开了一百余年。

足球在乌拉圭是人们最喜爱的运动，无论是参加这项运动的人还是观众，人数都是最多的，而且包括了社会各个阶层的人。①

小男孩们收到的第一个足球往往是父母送的礼物，他们在还没学会走路的时候就开始踢球了，这仿佛是一种与生俱来的本领，到处都能看见踢球的孩子们。在巴西作家卡洛斯·德鲁蒙德的笔下：足球在球场里踢，足球在海滩踢，足球在街上踢，足球在灵魂里踢。足球从来都是一个模样：神圣的形状。什么都没法阻挡孩子们对足球的热情，不能去正规的俱乐部训练，就只需要一块平整的

---

① 贺双荣编著：《列国志·乌拉圭》，社会科学文献出版社 2005 年版，第 248 页。

场地，找几块石子做门；买不起足球和球鞋，孩子们就光着脚、穿着凉鞋，用塞满碎布纸屑的旧袜子做球。在乌拉圭，想看最精彩的足球表演就得去街上，那些在街头巷尾、车水马龙间磨炼出来的足球技艺绝对不会让人失望。

这个国家有着众多球迷：每周一次，球迷都从家中逃离，涌向一座座横幅飞舞、旌旗飘飘、人声鼎沸的球场。城市中万人空巷，工作停顿，球场这座神庙就是一切的存在。[①]就算没法去球场，人们也准会守在电视机前。足球和吃饭、走路一样，早已成为乌拉圭人生活中所不可或缺的一部分。

历史概述

足球在乌拉圭的起源要追溯到 19 世纪中叶，那时大批欧洲人来此经商，也把足球带到了这里。他们在首都蒙得维的亚掀起了一股足球热潮，并组建了最早的一批足球俱乐部。一开始只有上层精英们才能接触到这项运动，但由于简单有趣、容易模仿，它很快在当地风靡开来。这项最初为慵懒富贵的移民后裔引入作为消遣的运动，从高深的庭院飞入了寻常百姓家中。从此，它深深地扎根于东岸共和国的土地上，并在这里形成了独特的足球文化。

1900 年，乌拉圭足协成立，于同年举办了首届国内足球联

---

① 爱德华多·加莱亚诺：《足球往事：那些阳光与阴影下的美丽和忧伤》，张俊译，广西师范大学出版社 2014 年版，第 12 页。

赛。第一届联赛只有四支队伍参加，最终取胜的是中央乌拉圭铁路板球俱乐部（佩纳罗尔俱乐部的前身）。第二届联赛中，新成立的乌拉圭民族队捧走了冠军奖杯。从此，这两支俱乐部逐渐确立了在乌拉圭国内的霸主地位。两支球队都有各自的支持者，不同球队支持者之间相互对立的关系绝不亚于政党之争。

1916 年 7 月，南美足协正式宣布成立，乌拉圭就是最早的四个成员国之一。自此，乌拉圭足球逐渐走进整个拉丁美洲乃至全世界的视线中。它自成一派，既有传统南美球队细腻的脚下技术、灵活的盘带技巧，又比阿根廷更为勇猛、比巴西更加坚毅。

这种足球风格的形成与乌拉圭国内环境息息相关。它国土面积不大，人口基数小，在南美洲是个很小的国家，但是他们却拥有一套相当完备的足球体系。每个乌拉圭孩子都曾梦想成为一名足球运动员，为了满足孩子们的踢球欲望，同时选拔培养有潜力的球员，乌拉圭足协设计了职业和业余两大层面的足球体系。

业余层面包括儿童组（5～12 岁）、青年组（13～20 岁）、沙滩足球、室内足球、女子足球、高中和大学联赛等分支，每个分支都遍布各类足球俱乐部，每年会有固定的比赛，不同年龄段的热爱足球的青少年都可以找到自己的"组织"。乌拉圭的学校大多只上半天课，课余时间孩子们都可以去踢球。

在职业层面，乌拉圭的职业俱乐部会选拔球员进入他们各年龄段的梯队，相较于业余层面的广覆盖，职业层面强调精英化，且相应的条件和待遇也好很多。①对于一些家庭贫困的孩子们来说，踢球也成了他们改善生活，甚至改变命运的一条道路。许多球星在成名前都出身于微末，在街头巷尾踢球，足球梦想也会绽放在贫民窟里。

在这样一套完备体系的支持下，足球的普及度进一步提高，足球人口数量也相当可观。乌拉圭业余层面各分支的注册球员数量约有 21.5 万人（指参加正式比赛的球员，不包括在俱乐部以踢球为乐趣的球员），而在职业层面约有 3 000 人，甚至每 10 个 34 岁以下的乌拉圭人中就有一个是职业球员。在乌拉圭，足球可谓当之无愧的国民运动。②

然而，国土面积和人口数量上的劣势是不可忽视的。同一段时间内，巴西可能培养出 30 个球员，阿根廷或许有 10 个，但是乌拉圭只能有两三个。为了弥补这种劣势，足协一方面在国内继续大力推行足球运动，提高国民参与度；另一方面，乌拉圭人培养出了坚毅顽强的性格。从 20 世纪的"独臂将军"卡斯特罗、伟大队长巴雷拉，到现在的"门神"穆斯莱拉、"铁卫"迭戈·戈丁……这些乌拉圭球员们都以不屈不挠的性格而著称，在绿茵场上他们永远拼尽全力，不知疲倦地奔跑 90 分钟，从不浪费任何一个机会，只为了争夺最终的胜利。在这样的信念支持下，他们创造了辉煌的历

①② 《南美小国乌拉圭的足球强国之路》，http：//sports. 163. com/15/0130/14/AH7C3A6I00051C8U. html。

史，乌拉圭也被称为"南美足球的后花园"，可以骄傲地立足于世界足坛。

俱乐部荣誉

乌拉圭足球甲级联赛，简称"乌甲"，成立于 1900 年，是乌拉圭最高水平的足球联赛，现在共有 16 支球队。民族队和佩纳罗尔队是其中历史最悠久，也是实力最强的两支球队，他们包揽了绝大部分的联赛冠军。其余的球队中，达努比奥、蒙得维的亚流浪者、防卫者竞技也分别获得过数次冠军，培养出许多优秀的球员，实力同样不容小觑。

乌拉圭的足球俱乐部大都实行会员制，会费是该俱乐部最主要的收入来源，约占总收入的 30%，其余收入来源主要是电视转播、门票、授权产品和卖球员等。俱乐部非常注重维护和球迷们之间的感情，球迷们也会倾尽全力地支持自己所喜爱的俱乐部。乌拉圭作家爱德华多·加莱亚诺在他的书中这样写道："其实我们乌拉圭人从一出生不是属于民族队就是属于佩纳罗尔队了，例如，人们说'我是一个佩纳罗尔人'，或者'我是一个民族人'。从 20 世纪初就一直是这样了。"①

佩纳罗尔竞技俱乐部（Club Atlético Peñarol），它的前身是成立于 1891 年的中央乌拉圭铁路板球俱乐部，在 1913 年正式更名为

---

① 爱德华多·加莱亚诺：《足球往事：那些阳光与阴影下的美丽和忧伤》，张俊译，广西师范大学出版社 2014 年版，第 182 页。

佩纳罗尔。俱乐部队徽是黄黑两色，这来自当时铁路上常见的火车以及标志颜色。他们传统队服也是黄黑条纹衫，镶黄边黑短裤和黑袜。

从佩纳罗尔走出过许多优秀的球员，1950 年夺取世界杯冠军的那支队伍中就有包括队长巴雷拉、守门员马斯波利、前锋斯奇亚菲诺等人在内的 12 名佩纳罗尔球员。除了在国内和民族队争夺联赛冠军外，俱乐部在世界舞台上也有着不错的成绩。20 世纪 60 年代，佩纳罗尔队三度赢得南美解放者杯①冠军，甚至在 1966 年洲际俱乐部杯中击败了大名鼎鼎的皇家马德里队。②他们的出色表现令西班牙的媒体都为之震惊，乌拉圭球队被冠以"纯净的天才""经过千锤百炼的顶级球队""最高等级的球队"等种种美誉。佩纳罗尔队共捧起五次解放者杯，三次在丰田杯③中夺冠，还和皇家马德里共同获得了"20 世纪最佳俱乐部"称号。

乌拉圭民族俱乐部（Club Nacional de Football）成立于 1899 年 5 月 14 日，由乌拉圭竞技足球俱乐部及蒙得维的亚足球俱乐部合并而成，这是全拉丁美洲第一个完全由本土居民组建的俱乐部。民族

---

① 南美解放者杯是一项由南美洲各支顶级球会之间竞争的最高荣誉的国际足球赛事，来自巴西、阿根廷、乌拉圭、巴拉圭、秘鲁、智利、厄瓜多尔、哥伦比亚、委内瑞拉及玻利维亚等国的球队在此同台竞技。

② 皇家马德里足球俱乐部，中文简称皇马，位于西班牙首都马德里，是世界上最成功的俱乐部之一。

③ 洲际杯始于 1960 年，1980 年起，因日本丰田汽车公司赞助被冠名为"丰田杯"。2005 年起，被国际足联俱乐部世界杯所取代。洲际杯是一项国际足球赛事，每年一度由欧洲及南美洲实力最强的俱乐部进行较量，参赛队通常是欧洲冠军杯（后改制为欧洲冠军联赛）冠军和南美解放者杯冠军。

队的主场球衣通常为白衫、蓝裤、蓝袜，客场球衣是红衫、蓝或白裤和袜，第三客场球衣则是蓝衫、蓝裤、白袜。因为球衣的颜色来自乌拉圭民族英雄阿蒂加斯[①]的旗帜，所以民族队也被叫作"三色队"。

民族队孕育了许多伟大的球星，纳萨齐、何塞·安德拉德、雷科巴、苏亚雷斯等人都曾在这里效力过。俱乐部在各种国际比赛和洲际比赛中也表现不俗，他们曾三度获得解放者杯冠军，更是分别击败英国、荷兰球队，三次赢得丰田杯。这支有 100 年历史的俱乐部现在依然充满生机，源源不断地向世界各地输送足球人才，让更多的乌拉圭球员活跃在人们的视线中。

国家队历程

有着这样全民足球的良好氛围和充满竞争的俱乐部文化，乌拉圭国家队一直都人才济济，更是堪称战绩辉煌。他们的国家队队徽上绣着四颗星星，分别代表 1924 年、1928 年两届奥运会足球冠军和 1930 年、1950 年两届世界杯冠军。20 世纪上半叶的乌拉圭队堪称世界足坛的霸主。

1924 年，乌拉圭第一次参加了在巴黎举办的奥运会。这是首支在欧洲踢球的拉丁美洲球队，在足球赛场上他们赢得了全世界的尊重，虽然组成这支球队的只是一些工人和流浪汉——他们坐着三

[①] 何塞·赫瓦西奥·阿蒂加斯，乌拉圭民族英雄、国父，19 世纪初的独立运动领袖。

等舱抵达欧洲，然后用借来的钱坐次等车厢到达比赛场地，睡的是木头长凳。他们一场接一场地比赛，一场接一场地换房间和木板。在巴黎奥运会之前，他们在西班牙踢了九场比赛，保持全胜。[①]而就是这样一支"杂牌军"，却在异乡的土地上演了最美妙的足球演出。那些穿着天蓝色球衣的乌拉圭人给全世界留下了深刻印象，足球将这个小国从寂寂无名的阴影里拉了出来。他们带来了精妙的短传、灵活的跑位和不断变化节奏的踢法，乌拉圭人将踢球变成了表演，绿茵场就是他们的舞台。他们用一粒又一粒进球、一场又一场酣畅淋漓的胜利，教会了欧洲人什么是美妙的足球艺术、什么是真正的足球。四年后他们又来到荷兰阿姆斯特丹，成功卫冕了1928年奥运会冠军。

这两届奥运会的足球赛其实可以看作世界杯的前身，因为它们并不由奥委会组织，而是国际足联单独组织运营，赛事时间也是独立于奥运会整体，单独进行的。有了前两次的成功尝试，国际足联决定在1930年组织第一届世界杯。而承办首届世界杯的光荣任务就交到了两届奥运会冠军乌拉圭手上。乌拉圭人怀着莫大的热情接受了这个任务，他们承诺在九个月内修建一座球场，甚至愿意承担参赛国家球员们的差旅费。尽管如此，当时很多欧洲国家仍未选择参赛，最后也只有13支球队参加了首届世界杯——7支南美洲球队，四支欧洲球队和2支北美洲球队聚集蒙得维的亚，为冠军奖杯

---

① 爱德华多·加莱亚诺：《足球往事：那些阳光与阴影下的美丽和忧伤》，张俊译. 广西师范大学出版社2014年版，第72页。

展开角逐。

　　1930 年 7 月 18 日，在为纪念乌拉圭独立而兴建的世纪球场，①一场足球盛宴正式拉开序幕。东道主乌拉圭首战告捷小胜秘鲁队，随后一路过关斩将，分别以 4∶0 和 6∶1 的大比分击败了罗马尼亚队和南斯拉夫队，与他们的老对手阿根廷在决赛中碰面。7 月 30 日，9 万名观众涌入世纪球场，准备见证王者的诞生。最终，乌拉圭人以 4∶2 战胜阿根廷，在家门口捧起了首届世界杯的冠军奖杯。首都蒙得维的亚变成了一片欢庆的海洋，170 万乌拉圭民众共同见证了这一历史性的胜利。天蓝军团②再一次证明了自己，告诉全世界这里才有最好的足球。

　　乌拉圭队没有参加接下来的两届世界杯，直到世界大战的硝烟散去，他们再次出现在世界杯的舞台上已经是 1950 年了。这是足球王国巴西历史上第一次举办世界杯，为此，巴西政府专门修建了能容纳 20 万人、世界最大体育场之一的马拉卡纳球场。根据当时的赛制，四个小组的第一名出线后将进行单循环比赛，积分最高的球队成为冠军。在对阵乌拉圭的比赛前，巴西队取得了两场大胜，最后一轮桑巴军团③只要打平就可夺冠。面对这个曾经 5∶1 轻松战胜过的对手，巴西人显得很放松，他们占尽了天时、地利、人和，

---

① 坐落于乌拉圭首都蒙得维的亚，是为了 1930 年世界杯足球赛而兴建的，同时亦是用作庆祝乌拉圭独立 100 周年。
② 乌拉圭国家男子足球队的别称，因其身着天蓝色的球衣而得名。
③ 巴西国家男子足球队的别称，因在巴西盛行的桑巴舞而得名。

冠军奖杯已经唾手可得，一切似乎都只是时间问题。里约热内卢已经准备好了庆祝最后的胜利，报纸提前印好，头条上醒目地写着："巴西队是世界冠军"，50万件印有庆祝标语的T恤抛售一空，街道上的人们开始准备狂欢节的游行。这届世界杯，似乎早已注定是巴西人为自己准备的足球盛筵。

但是胜利女神却掉转头来，给了乌拉圭人一个微笑。

1950年7月16日下午，作为东道主的巴西队坐镇主场接受乌拉圭人的挑战，20万球迷涌入宏伟的马拉卡纳球场，准备见证新王登基。上半场两队都没能取得进球，来到下半场，巴西队首开记录打入第一球，球迷们的欢呼几乎要掀翻这座球场，人们担心连水泥底座都会压塌。但是顽强的乌拉圭人没有被吓倒，他们迅速抓住机会，吉吉亚（也译作吉贾）① 助攻斯奇亚菲诺②打进了宝贵的一球，为乌拉圭扳平了比分。球场内顿时安静下来，恐惧的阴影笼罩在所有巴西球迷心头。比赛结束前第11分钟，胜利女神站到了乌拉圭人这一边。乌拉圭前锋吉吉亚出现在对方门前，他看到门将的站位不好，便决定射门。足球在20万观众的注目下飞进球网，乌拉圭人实现了不可思议的伟大逆转，将1950年世界杯的冠军从巴西人手里抢了过来。

赛后，西班牙语中衍生出一个意为"马拉卡纳打击"的专有名

---

① 阿尔西德斯·吉贾，乌拉圭传奇前锋，1950年世界杯"马拉卡纳打击"的缔造者。
② 胡安·阿尔贝托·斯奇亚菲诺，前乌拉圭国脚，曾效力于佩纳罗尔、 AC米兰和罗马等俱乐部。

词，这场比赛也变成了巴西人不堪回首的噩梦。而时隔 20 年之后再次夺得世界杯冠军，这一爆炸性的消息点燃了乌拉圭国内，他们宣布第二天为国庆日，在蒙得维的亚举行了为期一周的庆祝活动，举国欢庆这来之不易的胜利。

两届奥运会、两届世界杯冠军，乌拉圭人骄傲地将四颗星星绣在了自己的球衣上。在 20 世纪 50 年代，那片纯净的天蓝色就象征着最美妙的足球艺术，乌拉圭足球昂首挺立于世界足坛的顶峰，缔造了一个辉煌的黄金时代。

1954 年世界杯，上届冠军乌拉圭队带着卫冕的希望而来，却惜败匈牙利和奥地利，最终只收获第四名。1958 年世界杯，乌拉圭未能在预选赛中出线，无缘世界杯决赛圈。这次预选赛上的失败被认为是乌拉圭足球走向长达半个世纪平淡期的标志，1970 年世界杯殿军则是这段时间内天蓝军团在世界杯上取得的最好成绩了。

在美洲杯①的舞台上，乌拉圭人则一直有着不错的表现。20 世纪上半叶堪称南美足坛霸主，长期与阿根廷争夺美洲杯冠军，而且几乎从未掉出过美洲杯前三的位置。即使在被认为成绩平平的下半叶，也曾多次捧起冠军奖杯。20 世纪 80 年代，乌拉圭人终于等到了他们的"足球王子"——恩佐·弗朗西斯科利。在他的帮助下，天蓝军团连续夺取了 1983 年、1987 年、1995 年的美洲杯冠军和

---

① 美洲杯是一项由南美足联成员国参加的最重要国家级足球赛事，前身为南美足球锦标赛，也是全世界历史最悠久的国家级足球赛事。

1989 年的亚军。在这之后，国内逐渐涌现出一批优秀球员，乌拉圭足球逐渐走向复兴。

进入 21 世纪，随着越来越多的球员在海外成名，天蓝军团再次得到了在世纪杯舞台上展现自己的机会。2002 年韩日世界杯，乌拉圭打出了漂亮的攻势足球，虽然没能小组出线，但是雷科巴、达里奥·席尔瓦和当时还是小将的迭戈·弗兰都有着让人眼前一亮的表现。2006 年意外落选德国世界杯后，乌拉圭足协请回老将奥斯卡·塔巴雷斯担任主帅。那时的乌拉圭队因为作风粗野而饱受指责，甚至一度被斥为"球场垃圾"。塔巴雷斯上任后，完善青训制度、重申球队纪律、根据球队特点打造了新的阵容，不仅国家队水平迅速提高，而且球队面貌焕然一新。在这位信奉切·格瓦拉"只有坚强起来，才能不丧失温柔"名言的大师带领下，乌拉圭足球迎来了新世纪的强势复苏。

2010 年南非世界杯，乌拉圭队以两胜一平零失球的成绩小组出线，淘汰赛中战胜韩国、加纳，最终惜败荷兰。此时已经 31 岁的迭戈·弗兰带领天蓝军团时隔 40 年再次获得了世界杯第四名的成绩，他本人也收获了本届世界杯的金球奖。他们终于完成了弗朗西斯科利、雷科巴等天才所没有做到过的事，向着冠军奖杯又近了一些。这个小国的足球梦想从未改变，他们一度是没落的豪门，但从未忘记自己骄傲的血统，塔巴雷斯和他的弟子们为复兴的理想付出了多年辛苦努力，终于在南非的土地上开花结果。

这届世界杯上，乌拉圭队令人印象最深刻的一场比赛毫无疑问是对阵加纳的 1/4 淘汰赛。上半时加纳前锋吉安先入一球，下半场弗兰任意球破门为乌拉圭队扳平比分。常规时间内两队再无进球，进入加时赛阶段。而就在比赛的最后时刻，第 120 分钟，加纳队开出任意球，两队球员在乌拉圭禁区内混战。加纳队想要抓住这个机会绝杀对手，而乌拉圭人死守防线，试图在点球大战中翻盘。这时，加纳球员得到一个绝佳机会，头球攻门，足球越过门将穆斯莱拉直向球门而去。一片混乱中，乌拉圭前锋苏亚雷斯突然出现在门前，用手拍出了加纳队的必进之球。这个惊世骇俗的举动引起了一片哗然，裁判出示红牌将苏亚雷斯直接罚下，并判罚了点球。可在十二码线①前加纳人没能抓住机会，吉安的点球击中横梁弹出，悬念被留到了点球大战。最终，阿布鲁一脚勺子点球锁定胜局，全场比赛结束，乌拉圭总比分 5：3 战胜加纳，终结了加纳队的世界杯之旅，也把他们成为首支进入世界杯四强的非洲球队的梦想扼杀在此刻。

赛后谈及这次犯规，苏亚雷斯表示并不后悔，他坚持那会是任何球员的本能反应，那个时候他也别无选择。在乌拉圭国内，苏亚雷斯成了新的民族英雄，这个第一次代表国家队参加世界杯的年轻人打入了三个进球，还在关键时刻挺身而出拯救了球队。仿佛 1950 年世界杯决赛的历史再次上演，乌拉圭人掀翻了胜利的天平，把它抢到自己手中。有评论家将这个手球与 1986 年马拉多纳的"上帝

---

① 足球比赛中判罚点球时球放定在罚球点上，罚球点距离球门线 12 码。

之手"① 相提并论，但是只有天蓝军团自己知道，他们在南非世界杯上取得的成绩绝不仅仅靠这次犯规，是不懈的坚持和努力让他们走到最后。足球世界或许是冰冷而残酷的，但是每个乌拉圭人都胸怀坚定的信仰，做好充分的准备，保持高昂的斗志，等待胜利女神揭开面纱，露出灿烂的微笑。

2011 年美洲杯，乌拉圭队继续发力。弗兰和苏亚雷斯组成了天蓝军团强有力的锋线，在淘汰赛上力压阿根廷队与秘鲁队，与巴拉圭队会师决赛。最终，乌拉圭 3 : 0 击败巴拉圭，历史上第 15 次捧起美洲杯冠军，也因此成为美洲杯历史上夺冠最多的球队。他们上一次夺冠还是 16 年前在"王子"弗朗西斯科利的带领下，乌拉圭人等待这个奖杯已经太久了。

2014 年，乌拉圭队在小组赛中淘汰英国、意大利艰难出线，但因为苏亚雷斯遭到禁赛，失去了头号得分手的天蓝军团 1/8 决赛中不敌哥伦比亚而遗憾收场。2018 年俄罗斯世界杯，拥有苏亚雷斯和卡瓦尼两位顶级中锋的乌拉圭队重整旗鼓，三场全胜未失一球以小组头名昂首出线，随后 2 : 1 力克葡萄牙，晋级八强。但在 1/4 决赛中不敌当届冠军法国队，无缘四强。虽然未能重现 20 世纪的辉煌、创造新的历史，但是天蓝军团在这几届世界杯上都展现出了不俗的实力，没有任何一支队伍敢小看他们。乌拉圭队注重效率，

---

① 1986 年 6 月 22 日，在墨西哥世界杯 1/4 决赛阿根廷对阵英格兰的比赛上，马拉多纳用手把球攻入了英格兰队的球门，并且裁判判定进球有效，被称为"上帝之手"事件。

奉行防守反击的战术，后方一拿球便快速推进到前场，苏亚雷斯和卡瓦尼在禁区内等候，伺机攻破对面大门。他们一改以往粗野凶狠的球风，不再靠犯规阻挠对手，而是用高强度的严密防守让对方无计可施。不管场上对手实力如何，球员们始终带着最饱满的热情试图赢下每一场比赛；乌拉圭球迷们也总是毫无保留地支持祖国球队，胜利了和球队一起欢呼，失败了也依然不离不弃。天蓝军团用实力赢得了世人的尊重，他们也让世界重新认识了乌拉圭足球。

人们常说，足球是圆的，所以一切皆有可能。对于这个仅有300多万人的南美国家来说，足球无疑是一张名片，是世界认识乌拉圭的窗口；足球更是一种热爱，承载着他们的无限希望。面对现实，忠于理想，才能让足球之花在东岸共和国的土地上继续绽放。

在乌拉圭足球长达一个多世纪的历史中，从巴雷拉、吉吉亚、弗朗西斯科利、鲁本·索萨、雷科巴、迭戈·弗兰再到现在的苏亚雷斯和卡瓦尼，或许还有将来的托雷拉、本坦库尔、希门尼斯……无数的乌拉圭足球天才们用尽全力带着这支球队前进，他们听着20世纪的传奇故事长大，不屈不挠地试图重现往日的荣光。足球是一种信仰，是流淌在乌拉圭人血液中的力量。相信在这样一代代的更迭中，总有一天，天蓝军团会重回世界之巅。

恩佐·弗朗西斯科利

"别的国家有历史，乌拉圭有足球。"所有乌拉圭人都因他们的足球历史而自豪，这个美丽的足球王国也拥有恩佐·弗朗西斯科利这样一位"足球王子"。

人们将他称为"王子"，不仅因为作为意大利移民的后裔，弗朗西斯科利有一张雕塑般俊朗的面孔，更因为他在绿茵场上优雅、从容的风范。在球场上，他既是进攻的组织者又是出色的终结者。从 20 世纪 80 年代中后期到 90 年代中期，恩佐·弗朗西斯科利是这个世界上最全面最优秀的攻击手之一，是与马拉多纳、①济科、②米歇尔·普拉蒂尼③等人同场竞技的天才球员。更为人所津津乐道的是，齐达内④也是他的"忠实粉丝"，为了表达对偶像的敬意，这位法国传奇球星甚至给自己的儿子也取名为恩佐。

---

① 迭戈·马拉多纳，前阿根廷球员，20 世纪最伟大的足球运动员之一。
② 济科，全名阿图尔·安图内斯·科因布拉，前巴西球员，有着"白贝利"的美誉。
③ 米歇尔·普拉蒂尼，前法国球员，被称作"任意球之王"，20 世纪 80 年代最出色的中场球员之一。
④ 齐内丁·齐达内，前法国球员，足坛大满贯球员之一。

当时光匆匆流去，人们或许已经记不清他有多少个进球，获得了多少荣耀，但是在所有乌拉圭人心中，那个优雅高贵的身影是一个时代的象征，是乌拉圭美丽足球艺术的缩影。

希望之星

1961 年，弗朗西斯科利出身于乌拉圭首都蒙得维的亚的一个意大利移民家庭，听着乌拉圭足球两届世界杯冠军、奥运会冠军的辉煌历史长大，梦想的种子在少年心中悄悄发芽。

他从小酷爱足球，小学时期就展现出过人的足球天赋，高中他加入了学校足球队，并连续 5 次带领校队获得冠军。那时的弗朗西斯科利已经吸引了不少国内球队的目光，但这个身量单薄，甚至有些瘦小的少年却出人意料地拒绝了豪门递来的橄榄枝。他更愿意继续上学，留在高中的校队里训练，而不是每天旅途奔波地往返于两个不同的地方。

于是他继续安心地磨炼球技，在高中的最后一年，弗朗西斯科利决定加入乌拉圭流浪者俱乐部，在这里开始自己的职业生涯。1980 年，他正式升入一线队，以中场核心的身份登场。才华横溢的弗朗西斯科利迅速赢得了所有人的认可，还获得了"王子"的称号。虽然那时的弗朗西斯科利还是个爱边踢球边嚼口香糖的小家伙，但是他在球场上的光芒没有人能够忽视。他的能力相当全面，脚下技术细腻，双脚力量均衡，能够在很小的空间内做出动作，突破对手或传出好球，再轻松地攻破对面球门。凭着这样的高超技艺，他在绿茵场上挥洒自如，将足球牢牢控制在自己的脚下，轻松地过掉一个又一个对手。他还能颇具创造力地将各种技术结合起来，像一位高贵的骑士在攻城略地，又像尊贵的王子在翩翩起舞，对手们则只能叹着气欣赏他离去的背影了。

第一个赛季，弗朗西斯科利就跟随球队取得了联赛冠军，之后的几个赛季他逐渐占据了主力位置，更是不断帮助球队取得进球。不仅在俱乐部表现出众，他也得到了国家队教练的赏识，从而应邀加入了国家青年队。1980 年，在厄瓜多尔举行的南美青年足球锦标赛上，弗朗西斯科利率队夺得冠军，他本人更是被评为当届赛事的最佳球员。整个南美足坛都开始关注这位才华横溢的乌拉圭"足球王子"。

这时，国内联赛冠军已经无法满足弗朗西斯科利了。在为球队效力三个赛季后，1983 年，他告别了流浪者队，渡过拉普拉塔河，前往阿根廷寻找全新的挑战。

自从 19 世纪后期英国殖民者将足球带到美洲，这项运动在许多国家都迅速兴盛起来，南美洲不仅有巴西这个著名的足球王国，阿根廷和乌拉圭的足球历史同样悠久。两国球队在洲际以及世界级比赛中屡次碰面，也都互有输赢，因而长期处于相互竞争的状态。对于乌拉圭人弗朗西斯科利来说，要想获得阿根廷球迷们的认可绝非一件容易事，特别是在河床队这样一支老牌俱乐部。

作为阿根廷国内最顶级的俱乐部之一，河床队曾有过相当辉煌的历史——孕育过许多伟大球星，屡夺联赛冠军。但当时的阿根廷球队却陷入了困境，一段时间内都战绩平平。他们迫不及待地用31万美元签下弗朗西斯科利，期待这位才华过人的乌拉圭球星能带领俱乐部铸造新的辉煌。"王子"果然没有让世人失望，1984/1985赛季，虽然球队最终没有夺冠，但是凭借24个进球的精彩表现，弗朗西斯科利当选南美年度最佳球员，还被评为阿根廷甲级联赛的最佳球员，成为首个获此殊荣的外国球员。他的出色表现也赢得了队友们的一致信任，佩戴上河床队队长的袖标，他带领着球队继续前进。1985/1986赛季，河床队终于收获了久违的联赛冠军奖杯，这个乌拉圭人也以25个进球加冕联赛最佳射手。

在河床队打拼的三年中，弗朗西斯科利跟随球队一起迅速地成长。他的球风日益成熟，也逐渐以飘逸的风格为人们所熟知。他依然有些瘦弱，与激烈的拼抢似乎格格不入，面对对手的逼迫也不占优势。但硬碰硬从来不是一位王子的选择，乌拉圭人的进球总是像一场华丽的表演：他能够以各种不可思议且出乎意料的姿势接球，再优雅轻巧地舒展纤瘦的四肢，大步流星转身离去，留下对方球员站在原地；面对球门，他更是有无数种方式攻破它，或是头球破门，或是一记远吊，或是大力抽射，他总能带来令球迷们惊叹不已的进球。

1986年夏天的金杯赛①中，河床队与波兰国家队相遇。在比赛的最后7分钟，河床队连进3球，最终以5：4实现逆转。最后时

---

① 全称为中北美洲及加勒比海地区金杯赛，是一项由中北美洲及加勒比海足联每两年一度举办的国际性足球锦标赛，是中北美及加勒比海地区最顶级的国际级赛事。

刻锁定胜局的这粒宝贵进球，正是弗朗西斯科利的一记倒挂金钩。比赛进行到最后时刻，他在禁区外接到队友传球，胸口一顶，电光火石间灵光一现，用一记漂亮的倒钩将球直接送进球门，帮助球队获得了比赛的胜利。进球后，激动的队友们将他团团围住，还把他抬了起来，让他接受球迷们的欢呼和祝贺。从那一刻起，王子在纪念碑球场①加冕为王，他高举右手庆祝，胸前球衣上的红绶带就是他捍卫的最高荣耀。

在阿根廷获得足够的成就后，弗朗西斯科利又将目光投向了遥远的欧洲。就此，他开始了周游世界著名俱乐部的传奇经历，"乌拉圭王子"的故事也将在另一片大陆上流传开来。

辗转海外

弗朗西斯科利的第一站来到了法国，1987年，他加盟巴黎竞技队（后更名为马特拉竞技队），法国历史最悠久的足球俱乐部之一。这个初登法甲的乌拉圭人意气风发，准备好了迎接更大的挑战。

俱乐部当时的竞技状况并不理想，主席马特拉为改变现状，为球队注入大量资金，签下路易斯·费尔南德、皮埃尔·利特巴尔斯基、鲁本·帕斯等一众大牌球员，与弗朗西斯科利一起组成了号称"魔力方阵"的前场四人组。可一个赛季过后，竞技队排名第十

---

① 纪念碑球场，坐落于阿根廷首都布宜诺斯艾利斯，是阿根廷河床队和阿根廷国家队的主场。

三，依然在保级边缘挣扎。虽然球队成绩不够理想，但弗朗西斯科利获得了球迷们的一致认可，这个赛季他打进了 14 粒进球，被选为当年的法甲最佳外籍球员。第二个赛季，球队略有起色，提升到了第七的位置，弗朗西斯科利成为队内的进攻核心和头号得分手。1988/1989 赛季，这个又一次成为队内进球最多球员的乌拉圭人感到有些厌倦了，他下决心离开混乱的竞技队，转投法国南部的马赛俱乐部。

弗朗西斯科利只在马赛效力了一个赛季（1989/1990），但就在这个赛季，他贡献了 11 个进球，随队夺得了法甲联赛冠军和法国杯冠军，这也是他在欧洲时期取得的最有分量的奖杯。而这个乌拉圭人或许自己都没有想到，这短短的一个赛季里，他的精彩表现使一个少年深深着迷，甚至对他未来的足球生涯产生了巨大的影响。这个年轻人就是后来名满天下的齐达内。

巧合的是，1996 年丰田杯上，尤文图斯[①]遇上了河床队，当时的齐达内在尤文图斯打拼，而弗朗西斯科利则是回到了他所熟悉的河床队。这场比赛对于齐达内来说绝对意义非凡，少年终于得到机会和自己的偶像同场竞技。裁判刚一吹响比赛结束的哨声，齐达内就飞快地向弗朗西斯科利跑去，希望和他交换球衣，生怕被别人抢了先。谁能想到，那个过去经常去看"乌拉圭王子"训练，甚至模仿他动作的小球员也能和他一起踢球了。

---

① 尤文图斯足球俱乐部，意大利国内历史最为悠久的俱乐部之一。

在法甲闯荡四年之后，弗朗西斯科利的下一站去往意大利。他选择了意甲的一家小俱乐部卡利亚里，和同胞丹尼尔·丰塞卡、何塞·赫雷拉携手登陆亚平宁半岛，组成了风光一时的"乌拉圭三雄"。他依然是最好的球员之一，但是为了组织调度，他的位置不断后撤，进球也就不像以往那么多了。1992/1993赛季，在帮助卡利亚里夺得意甲第六，获得欧洲联盟杯[1]的入场券之后，弗朗西斯科利转会至意大利都灵队，同样帮助球队获得欧战资格，但也没有取得更好的成绩了。一年后，弗朗西斯科利终于告别意大利赛场，结束在欧洲各大俱乐部的游历，决定重回培育他的阿根廷河床队。

重焕生机

时隔多年后又一次踏上纪念碑球场，像游子回到了久违的故土，在欧洲辗转多年而不得志的这个乌拉圭人在河床队重新找回对胜利的渴望。欧洲赛场的经历没有消磨他的天赋，反而使他的球技不断提高，适应了多个位置、多种打法，更让他在困境中也常存重新再来的勇气。

回到熟悉的地方，但阔别南美赛场7年，已经33岁"高龄"的他能否重新找回状态，即使当年最忠实的球迷们都对此心存疑虑。当然这份担忧没有困扰河床球迷们太久，在回归的第一个赛季，弗朗西斯科利就夺回了最佳射手的荣誉，还帮助球队首次以不

---

① 欧足联欧洲联赛的前身，是由欧足联每年举行的由欧洲俱乐部角逐的淘汰制赛事，在欧洲洲际级别比赛中重要性仅次于欧洲冠军联赛。

败战绩收获春季联赛冠军。1995 年，他又一次被评为阿根廷最佳球员。

1996 年，已是老将的他率领着一帮年轻人杀入了南美解放者杯决赛，在首回合落败的情况下，次回合 2：0 逆转卡利美洲，①将冠军奖杯收入囊中。这是河床队在历史上第二次收获这个南美洲最高荣誉足球赛事的冠军，也是弗朗西斯科利第一次赢得解放者杯。时光回溯到 1986 年，凭借"乌拉圭王子"的帮助，河床队实力迅速提升，拥有了和南美其他强队一决高下的实力，在他离开后更是一举夺下了队史首个南美解放者杯，跻身豪门之列。阔别 10 年又回归，弗朗西斯科利终于弥补了当年的遗憾。在年轻球员为主干的河床，他成为当之无愧的队魂，组织调度把握全局，最终带领俱乐部拿到这个久违了的冠军奖杯。

"老王子"在自己所熟悉的舞台上焕发出了新的活力。事隔多年，人们对于那个优雅飘逸的身影的记忆似乎已经有些模糊，但是弗朗西斯科利用精彩的表现又一次赢得了球迷们的心。他依然在禁区内如入无人之境般来去自如，也依旧风度翩翩，迈着灵活的舞步行云流水般突破对方防线，球迷们说看他踢球犹如在看芭蕾舞。他忠诚地守护着河床队，燃尽自己所有的能量为球队争取荣光。1997赛季，他帮助球队一路领先，赢得了自己职业生涯的最后一个联赛冠军奖杯。1998 年 2 月，弗朗西斯科利泪别绿茵场。年少时，他初

---

① 哥伦比亚足球俱乐部，公认的南美足球豪门，球队以高效的进攻和快节奏的攻防著称。

登纪念碑球场，尽情挥洒自己的青春意气；成熟后，他又回到了这里，贡献自己的完美谢幕。

退役后，河床队多番邀请弗朗西斯科利回来担任教练，但是他一直没有接受。直到 2013 年末才决定出任俱乐部体育经理，继续守护这支心爱的球队。在他的运作下，河床队迎来了一个崭新的时期，近年来数次在阿根廷杯、南美超级杯、解放者杯夺冠。不管是作为球员还是球队经理，弗朗西斯科利始终竭尽所能地帮助球队做得更好。

作为一个真正热爱足球的人，弗朗西斯科利是这样总结自己职业生涯的："我感到十分欣慰，尽管 20 年来我的足球生涯充满了艰难与挫折，但我从不后悔，我获得过 11 次以上的国家冠军，我参与了我能赶上的大多数足球赛事。一个运动员一生中能拥有这么多机会本身就是一件值得自豪的事。"

他不仅仅是这样说，也是这样做的。在俱乐部，他是球队领袖，为河床队奉献了毕生才华；在国家队，他是精神支柱，带领着球队艰难前行。他的职业生涯从来不是一帆风顺，他未能在欧洲赢下最顶级的赛事，没有带领乌拉圭队夺得世界杯冠军也是他心头的遗憾。但就像每一个球迷看到的那样，他始终竭尽全力，在任何时刻都不曾放弃；他也一直风度翩翩，用才华征服所有的观众。足球给他带来了无数的桂冠，他却已经超越了足球的范畴，成了乌拉圭乃至南美足球的骄傲和象征。

1999 年 8 月 1 日，在乌拉圭世纪球场举办了弗朗西斯科利的足球告别赛，他分别代表河床队与佩纳罗尔队出战，时任阿根廷总统梅内姆和乌拉圭总统桑吉内蒂都出席了比赛，共同送别这位伟大的球员。渐渐地，"乌拉圭王子"淡出了人们的视线，只留下曾经的辉煌供人传唱。而在乌拉圭人和阿根廷人的心中，他们一直期盼着下一个足球王子的出现，再用那美丽的足球艺术惊艳世人。

阿尔瓦罗·雷科巴

2016 年 3 月 31 日，在乌拉圭首都蒙得维的亚世纪球场上演了
一场盛大的告别赛：上半时雷科巴代表朋友队出战，助攻队友巴
尔德拉马打进一球；下半场他则换上了民族队球衣，并在最后时刻
助攻他的儿子打入制胜球，帮助乌拉圭民族队 5∶4 战胜雷科巴朋
友队。看着那熟悉的美妙弧线飞入球网，但是站在场上的那人已不
再青春年少，这时人们才真正意识到，刚刚度过自己 40 岁生日的
雷科巴要正式和绿茵场说再见了。

他再次进入中国观众的视线是在同年 10 月 18 日，国家主席习
近平在北京人民大会堂同乌拉圭总统巴斯克斯举行会谈，退役半年
的雷科巴也随总统一行来到了中国，得到了习近平主席的亲切接
见，雷科巴也向习近平主席赠送了自己的球衣。网友们纷纷善意调
侃，他这次从 CCTV5 走向了 CCTV1。①对于年轻的球迷们来说，
雷科巴这个名字或许有些陌生，但是只要提起他"中国男孩"的绰

---

① 《"中国男孩"雷科巴，又一个从 CCTV5 到 CCTV1 的男人》，http://money.163.
  com/16/1021/13/ C3TFA0F9002580S6. html。

号，一份亲切感便油然而生；而对于许多老球迷来说，他更是承载了"76黄金一代"^①的美好回忆。

阿尔瓦罗·雷科巴，在场上司职前腰，因为一张清秀的东方脸孔被人们亲切地叫作"中国男孩"。雷科巴曾在访谈中提到，他的父亲原来的外号就是"中国人"，因此他和哥哥儿时就被人称作"中国男孩"，只不过后来他成了家族里面最著名的"中国男孩"。带着这个绰号，他在绿茵场上奔跑了数十年，纵使年华老去，他在球迷们的心中始终是那个长发飘飘的少年。

初露锋芒

1976年3月17日，雷科巴出生于乌拉圭蒙得维的亚。20世纪上半叶，太多天资卓越的球星们曾在这片土地上谱写出美妙的足球乐章，乌拉圭的人民始终期待着、盼望着一颗冉冉升起的新星，带领他们重现天蓝军团的辉煌。

少年时期的雷科巴带着这样的期许逐渐成长，他从小就在职业联赛里熏陶，17岁时便加盟了当地的一家俱乐部——达努比奥队，正式开始了自己的职业生涯。仅仅过了一个赛季，他的天赋就迅速引来了乌拉圭国内最大的两支俱乐部——乌拉圭民族队和佩纳罗尔队的关注，他们都希望签下这名未来的希望之星。最终雷科巴选择了与民族队签约，也是在这家拥有辉煌历史的俱乐部里，天才少年

---

① 指罗纳尔多、舍普琴科、古蒂、托蒂等一批出生在1976年的足坛巨星们。

崭露头角。

1996/1997 赛季，雷科巴随民族队征战，这个身材不高，体形还有些瘦弱的少年却有着和年纪不太相符的精准脚法，他不断地带来进球，用自己的天赋和热情赢得了球迷们的心，也帮助球队夺得了联赛冠军。20 岁的雷科巴拿到了乌拉圭"足球先生"，被认为是弗朗西斯科利的接班人，将带领乌拉圭国家队在绿茵场继续那美丽的表演。在这个少年身上蕴藏着无限可能，而要想获得更大的进步，留在国内是不够的，大西洋彼岸还有更广阔的舞台。

果然，雷科巴出众的天赋吸引了来自欧洲的目光，当时正在大张旗鼓招兵买马的国际米兰①主席马西莫·莫拉蒂一眼便看中了这个年轻人。而对雷科巴来说，国际米兰也是他理想中的俱乐部，那是伟大的乌拉圭球员鲁本·索萨②曾效力过的球队。于是在 1997 年的夏天，莫拉蒂将雷科巴带到了梅阿查球场，这个东方面孔的少年已经准备好了在这里令世人惊艳。

意甲沉浮

初登亚平宁半岛，一个名不见经传的球员想要扬名天下需要多少时间？

雷科巴的答案是——20 分钟。

---

① 国际米兰足球俱乐部，简称"国米"，是一家位于意大利北部米兰市的足球俱乐部，成立于 1908 年，现征战于意大利足球甲级联赛，主场是梅阿查球场。
② 鲁本·索萨，前乌拉圭国脚，在场上司职前锋。

1997 年 8 月 31 日，意甲首轮打响，国际米兰坐镇主场迎战升班马布雷西亚，大批国米球迷涌向梅阿查球场，只为见证罗纳尔多在国际米兰的首秀。当时的罗纳尔多已经拿下欧洲金靴，更是打破转会纪录从巴塞罗那①转投至此，球迷们都迫不及待地想知道，无所不能的"外星人"②将怎样开始自己的国米生涯。在那时的国际米兰，主席莫拉蒂不断大手笔购入球星，队内巨星云集，和罗纳尔多同时到来，也同样是 21 岁的雷科巴难免显得有些黯淡。但在这场处女秀上，他成功征服了所有球迷。

或许是初来乍到，又或许是受到"重点照顾"，罗纳尔多迟迟没有找到状态，比赛进行到第 70 分钟时，两边分数依然是 0：0。这时，身披 20 号球衣的雷科巴替补出场，迎来了自己在国际米兰的首秀。可他刚上场不久，对手便先进一球，压力顿时增加。第 79 分钟，雷科巴接到队友传球，他毫不犹豫地起脚远射，足球应声入网，扳平比分。而雷科巴的表演还未结束，到了比赛的第 87 分钟，雷科巴获得主罚前场任意球机会，左脚再次发威，足球划出一道美妙的弧线，越过人墙直挂球门顶端，2：1，国际米兰将比分反超。凭借着雷科巴的两个进球，球队取得了本场比赛的胜利，他也一战成名，所有冲着罗纳尔多而来的观众在这场比赛中都爱过雷科

---

① 巴塞罗那足球俱乐部，简称"巴萨"，是一家位于西班牙巴塞罗那市的足球俱乐部，西班牙足球甲级联赛传统豪门之一。

② 巴西传奇球星罗纳尔多·路易斯·纳扎里奥·达·利马的别名，他也被中国球迷们亲切地称作大罗、罗尼等。

巴。"中国男孩"用自己的黄金左脚点燃了全场,抢尽了罗纳尔多的风头,也用这 20 分钟给自己的意甲生涯写了一个堪称完美的开端。

除了首秀的梅开二度,①他在登陆意甲的首赛季还收获了一个精彩进球。1998 年 1 月 25 日,国际米兰客场挑战恩波利的比赛,对于雷科巴来说绝对一生难忘,因为他打入了堪称职业生涯中最漂亮的进球: 比赛进行到第 82 分钟,雷科巴在中圈拿球,他没有继续向前推进,而是稍作调整,左脚一记吊射,足球直接越过守门员坠入球门,而此时的防守球员和门将才刚刚反应过来,只能懊恼地回追几步,看着乌拉圭人完成自己的又一次精彩表演。

尽管表现已经相当出色,但是雷科巴并没有在球队中得到一个首发名额,要在当时群星云集的国际米兰获得一席之地,他还需要更多历练来证明自己。

随后一年,他被俱乐部租借到了威尼斯队,②以获得更多的一线队出场时间。雷科巴的天赋极高,球感出众,技术全面,更别提那令人着迷的左脚破门。对于这样的一位天才球员,去弱队练级显然是一个不错的选择,他能获得更多的球权,甚至全队围绕着他制定战术。于是,雷科巴的光芒开始在古老美丽的水城闪耀。短短半个赛季,他在 19 场比赛中贡献 11 个进球 9 次助攻,以一己之力将原

_____

① 指足球比赛中一名球员在一场赛事中进两球。
② 威尼斯足球俱乐部是一家意大利足球俱乐部,主场位于意大利东北部城市威尼斯的梅斯特雷。

本处在保级区的威尼斯队带到了中上游。雷科巴曾说："威尼斯的半年是我人生中最快乐一段时光，不光职业方面，生活方面更是。"他在比赛中屡次打入关键进球，"中国男孩"的才华又一次轰动了整个意大利足坛，也终于为他打开了回到梅阿查球场的大门。

凭借在威尼斯的出色表现，1999 年 7 月，雷科巴重返国际米兰。他知道回来之后的路并不会平坦，但他终于还是回来了。这段时间的国米动荡不断，不断购入巨星，不断换帅，但始终没有取得理想的成绩，也因此被称为"球星黑洞"。此后的几年间，人来人往，雷科巴也不是没有想过要离开，但是球迷们的期待、队友们的支持和高层的信任让他最后留了下来，和俱乐部一起走过了那段艰难的岁月。他曾在罗纳尔多受伤的时候扛起球队的希望前行，也曾因为找不到场上位置而迷茫，还时不时被伤病困扰而流连替补席。虽然他不一定是绝对主力，但只要他留在这里一天，只要他披上那身蓝黑球衣，他就为国际米兰而战。

场外的风波也未曾平息过。主席莫拉蒂对雷科巴格外偏爱，俱乐部慷慨地为他提供了一份年薪高达 750 万美元的新合同，这使他成为当时身价最高的球员，也让他招致了不少高薪低能的怀疑。2001 年，雷科巴更是卷入了假护照事件。当时球队的五个非欧盟外援名额已经被占满，但是为了让雷科巴留在国际米兰，他得到了一本护照，获得欧盟公民身份，顺理成章地留了下来。直到后来被爆出丑闻，一批球员和经理人非法持有假护照，雷科巴就在其中。

最终，他被意大利联赛委员会处以禁赛四个月的处罚，这对一名职业球员来说无疑是巨大的打击。

回望雷科巴在国米的岁月，因为不断的伤病困扰，这个乌拉圭人始终没有得到一个稳定的位置，不够充沛的体力也让他难以兼顾攻防两端，从而很难融入球队体系。而最令人头疼的是，他似乎不是一个能够始终全心投入比赛中的球员。他状态好时似神兵天降，没有人能拦住他取得进球；而他不在状态时，就往往游离于比赛之外。这种情况或许不是雷科巴本人所能控制的，因此教练们也不敢冒险，只能常常把雷科巴放在候补名单上。在球队陷入困境时，他们就会想起这位替补奇兵，而他也总是能灵光一现拯救球队。

2002/2003 赛季对博洛尼亚，雷科巴在开场不久便打入一粒任意球，足球打在左边球门立柱上反射入网，这道诡异的弧线来得有些太猝不及防；比赛下半场，雷科巴又打入一记 35 米开外的吊射进球，梅开二度帮助国米收获宝贵的 3 分。2004 年 9 月 22 日，意甲第三轮，亚特兰大主场迎战国际米兰，雷科巴贡献了 10 年蓝黑生涯中的又一巅峰之作。比赛第 80 分钟，雷科巴在禁区外接队友传球，面对两名后卫的迎面逼防，他没有选择正面突破，而是轻松地带球，用一个漂亮的转身摆脱了对手的围抢，面对再次围上来的三名对手依然找出一个空隙将球送入球网，锁定胜局。

诸如此类的高光时刻还有太多太多，乌拉圭人的左脚总是能送出如手术刀般精准的进球，人们戏称雷科巴专进世界波。[①]转眼间，"中国男孩"在国际米兰也度过了将近 10 年，2006 年和 2007 年都是国际米兰丰收的赛季，却也是雷科巴迈入而立之年的年份。岁月剪去了他曾经飘逸的长发，时光的印记慢慢爬上了他的脸庞。他的脚法依然华丽，射门也依旧精准，但是他始终没有办法得到足够的出场机会。无奈之下雷科巴选择了离开，在陪伴球队走出困境后，不得不跟自己坚守了 10 年的地方说再见。

2007 年 4 月 30 日，已经提前锁定意甲冠军的国际米兰迎战恩波利，第 59 分钟，国米赢得角球，雷科巴在右路主罚，他用左脚开出一记精彩的弧线球，门前众人忙于争点，足球却直接飞进了球门顶角。这是雷科巴职业生涯中的第一个角球直接破门，这粒不可思议的进球也给雷科巴的国米经历画上了一个圆满的句号。

效力球队 10 个赛季期间，雷科巴共出场 261 次，打入 72 球。他随队获得了两次意甲冠军，两次意大利杯冠军以及两次意大利超级杯冠军。抛开这些数据，提起雷科巴，经历过那段时间的国米球迷都会有些慨叹，他曾是处女秀便惊艳世人的天才少年，如果没有伤病他本该有非凡的成就；他曾经也有肆意飞扬的岁月，但是不得不流连在替补席，蹉跎了多少时光。如果他曾选择离开，或许早已经成为球队核心，就像他曾经在威尼斯证明的那样。但是他没有，他对于国际米兰始终怀有深情。只能说最好的雷科巴没有遇见最好

----

① 足球比赛中出现的使人震撼的精彩进球。

131

的国际米兰，他们一直在反反复复地磨合，直到在时光中渐行渐远。

2007 年夏，雷科巴被租借去都灵，因为薪资过高离队。之后他又加盟希腊超级联赛球队雅典帕尼奥尼奥斯，但希超生涯同样难言成功。最终，雷科巴告别欧洲，回到了自己的故乡。

叶落归根

在亚平宁闯荡 10 余年，2010 年，雷科巴终于回到了熟悉的地方。他先是为自己出道球队达努比奥效力一个赛季，之后又加盟乌拉圭民族队，选择在梦开始的地方结束自己的职业生涯。

在为民族队效力的四年间，他随队两夺联赛冠军，还先后打入五个角球直接破门。加上此前在国际米兰的一次角球破门，他总共收获六个这样的进球。每一次都是熟悉的弧线，同样的旋转，也同样令门将无可奈何。在这项精妙无比的进球方式上，雷科巴可以称得上无人能出其右。而对于一个已经处于职业生涯末期的老将来说，只有凭着出色的球感和日复一日的苦练才能让他的破门依然犀利。最终在 2014/2015 赛季，雷科巴随民族队又一次举起了联赛冠军奖杯，也作出了正式退役的决定。

在盛大的告别赛上，他和老朋友们轻松地享受着最后的时光，没有激烈的拼抢，没有凶狠的对抗，他们的动作不像以前那样灵活，甚至身体都有些发福。但是每一个人的脸上都带着真挚的笑容，似乎又回到了二三十年前，他们踢着最纯粹的足球的时候，那份快乐感染了在场的每一位球迷，所有人为他们送上掌声，送别已经不惑之年的这位乌拉圭人。

在掌声和欢呼声中，人们仿佛又看见了那个肩负众望的天才少年，那个用才华震惊世人的东方面孔，那个在动荡中坚守希望的球队支柱，那个已经不再年少但是脚法依旧精妙的阿尔瓦罗·雷科巴。

时光荏苒，岁月变迁，他永远是我们记忆中的"中国男孩"。

路易斯·苏亚雷斯

乌拉圭从来不缺少足球天才，而路易斯·苏亚雷斯则是璀璨群星中光芒独特的一颗。

他是禁区内的终结者、乌拉圭最具天赋的球员之一，也是手球、咬人、做出惊世骇俗之举的坏小子。喜欢他的人称赞他的坦率和纯粹，厌恶他的人诟病他的冲动和挑衅。他的面前有欢呼和掌声，他的背后也有质疑和指责。而他只用一次次的进球证明，他是这个时代当之无愧的最佳中锋之一。

从南美到欧洲，苏亚雷斯拿过荷甲金靴、英超金靴、西甲金靴和欧洲金靴，他在走过的各个联赛都证明自己能做到最好；各种杯赛、联赛、欧冠、美洲杯，他也都曾捧起冠军奖杯。他也曾迷茫过、痛苦过，但从未停下过前进的脚步。他一步步走向世界足坛的顶峰，唤醒了人们对乌拉圭美妙足球艺术的回忆；凭借着苏亚雷斯和队友们的精彩表现，天蓝军团在世界足坛也焕发了新的活力。

他的故事还要从萨尔托这个小村庄说起……

追梦少年

苏亚雷斯出生在乌拉圭萨尔托，七岁时跟着父母搬到了首都蒙得维的亚。从四岁在叔叔的引导下接触足球开始，苏亚雷斯走上了自己的足球之路。小时候家庭条件并不优越，没有钱去参加系统的足球训练，他就自己在街头踢球。小苏亚雷斯在萨尔托的草地上光脚踢球，在蒙得维的亚的小胡同穿着凉鞋踢球，在家把报纸塞进袜子里当成球来踢，用瓶盖、鞋盒、折纸和纽扣自制桌上足球，或者看他最爱的乌拉圭民族队的比赛。他对上学不太感兴趣，可是对足球却充满了热情。

苏亚雷斯一家都是球迷，他的父亲曾是一名优秀的后卫，这一家人也都热爱足球。而因为支持两支不同的球队——乌拉圭民族队和佩纳罗尔队，他们家不得不分成了两个阵营：父亲、哥哥、一个姐姐和小苏亚雷斯支持民族队；母亲、弟弟和另一个姐姐则支持佩纳罗尔队。在两支球队对决的时候，家里便总是不得安静。家附近有一个小胡同，他总是在那里和哥哥弟弟们一起踢球，有时他和大孩子们一起踢球，个子最小却什么都不怕，眼睛永远盯着球，为胜利拼尽全力。

就是这样在街头巷尾磨炼出来的球技使他初露锋芒，当结束在乌拉圭 U9 级青年队的旅程后，他去了民族青少年队踢球，在这里他正式开始了自己的职业生涯。也是在这里，他邂逅了自己的此生挚爱——后来成为他妻子的索菲亚。

那时苏亚雷斯 15 岁，索菲亚也只有 13 岁。他对她几乎是一见钟情。可当时的小苏亚雷斯只是个一无所有的混小子，为了追求心爱的女孩不得不千方百计地攒钱。他在街头捡硬币、收集电话卡、向总监要一些额外的奖金，用各种手段筹集去索菲亚家的路费，只是为了和她一起过周末。索菲亚把他从原来的堕落生活里拯救出来了，他不再和朋友出去鬼混，开始认真学习、认真踢球，他想要给索菲亚更好的生活。而当他们一家不得不搬去欧洲的时候，小苏亚雷斯作出了决定：他要去欧洲踢球，这样才能和索菲亚在一起。

这时他已经被提拔到民族队一线，2005 年 3 月，18 岁的苏亚雷斯在解放者杯上完成了一队首秀。新赛季他更是进步飞快，跟随民族队取得了当年的联赛冠军。在民族队对乌拉圭捍卫者的一场比赛中，他被荷兰格罗宁根队的球探看中，以 80 万欧元的身价加盟。虽然当时的苏亚雷斯完全没有听说过这支球队，但是为了完成对索菲亚的承诺，他毫不犹豫地抓住了这个机会，离开家乡，孤身前往荷甲闯荡。

荷甲征程

加盟荷兰足球俱乐部对我来说是非常曼妙的一次足球教育，这也是影响我一辈子的教育。而格罗宁根是一切的开始。①

——路易斯·苏亚雷斯《苏亚雷斯自传：超越界限》

---

① 路易斯·苏亚雷斯：《苏亚雷斯自传：超越界限》，俞青、唐梦秋、钟健译，北京出版社 2016 年版，第 15 页。

对于任何一个南美球员来说，去欧洲踢球都不是一件容易的事情。职业足球在那里已经发展了许多年，巨星云集、豪门林立，吸引着众多具有天赋的南美球员。而战术体系、语言文化以及气候环境上的差异，都可能是他们发展道路上的阻碍。

对于初来乍到的苏亚雷斯也是如此，刚到荷兰的他连最简单的英语都不会说，只能在酒店房间给索菲亚发短信求助，后来他想要拉近和队友的距离才学了荷兰语。而格罗宁根教练给他的第一个要求就是：减重六千克。在乌拉圭的时候，他只想着踢球，没有人管理和指导他。为了减去这些重量，他不再喝可乐，只喝水，也养成了只喝水的习惯。从此他开始用一个职业球员的标准来要求自己，他学着去了解俱乐部，学会和教练们队友们相处，也慢慢适应了荷兰的足球文化。他不再是那个在场上到处乱跑却不进球的臭小子了，他把机会更高效地转化为进球，在这里的第一个赛季就打进了 17 粒进球。

凭借着在格罗宁根的出色表现，他得到了乌拉圭国家队的征召，很快，阿贾克斯也向他抛来橄榄枝，甚至给出了一份 750 万欧元的报价。这对于当时的苏亚雷斯来说是一个很难拒绝的机会，高昂的转会费和欧战资格对一个想要在欧洲大展拳脚的球员有着太强的诱惑力。一些愤怒的球迷骂他是财迷，烧毁了他的球衣；而另一些球迷祝他好运，向他索要签名和纪念品，看着这个 20 岁的年轻人逐渐走向更广阔的舞台。

2007 年，苏亚雷斯正式转会荷甲豪门阿贾克斯，在这支以技术细腻著称的球队，他学会了一件最重要的事情：用智慧踢球。

荷兰足球和乌拉圭足球风格是非常不同的。欧洲足球是学院派的产物，踢球的孩子从小被送进俱乐部进行训练，他们有一个完整严密的体系，每个人在这个体系中各司其职。足球是一项绝对的团队运动，只有球员间冷静的传接、流畅的配合才能构成一场赏心悦目的比赛。而对许多南美球员来说，足球没有那么多条条框框，他们成名前在街头踢球，在车水马龙中磨炼自己的球技。足球渗透在他们的血液中，他们在场上尽情挥洒着自己的灵感，凭着直觉盘带、过人、跑位，将足球送进球网，对胜利有着天生的渴望。

来到阿贾克斯的苏亚雷斯敏锐地察觉到两种足球风格的差异，从中辨别出可以学习的地方，但也保留了自己的天性。他迅速地接受了更科学的训练方法，根据自己的身体状态调整训练计划，在训练课后反复练习自己的弱项；在场上他开始更多的思考，努力阅读比赛，知道自己什么时候该出现在什么位置，和队友打出精妙的配合获得进球。他很感谢自己的成长经历带给他的饥饿感，因为那是一种对胜利的无限渴望和执着追求。在场上的每一分钟他都拼尽全力，不知疲惫地奔跑，时刻给对方后卫施加压力，一旦对手出现破绽，他的机会就来了。在射门的时候，他更多地依赖自己的直觉，那是在蒙得维的亚街头训练出来的球技，他可以用各种方式把球送进球门，令对方门将无计可施。

凭借着这种饥饿感所带来的动力，苏亚雷斯成了球队的队长，他迅速地褪去了青涩，用自己的激情带领全队不断前进。他的荷兰语还是不太好，所以赛前在队长演讲的时候总是说同样的话： 我们用心比赛，我们拼尽全力，最重要的是我们要赢得比赛。他赢得了全队的尊重、球迷们的拥护，也不断收获更多的进球。一切看起来都很圆满，直到第一次咬人事件的发生： 2010 年 11 月，荷甲联赛第 15 轮比赛，阿贾克斯 0 : 0 战平埃因霍温，伤停补时阶段，苏亚雷斯朝埃因霍温中场奥特曼·巴卡尔的肩膀咬了一口。赛后，苏亚雷斯遭到了俱乐部的罚款，荷兰足协也对他作出了禁赛 7 场的处罚。这样的行为使他在场外遭到了许多指责，一份报纸甚至称他是食人族。球队状态低迷，场外舆论压力巨大，这个时候利物浦向他发来了转会邀请。于是 2011 年冬窗，苏亚雷斯选择离开阿姆斯特丹，以 2 650 万欧元加盟英超球队利物浦。

　　在为阿贾克斯效力的 3 年中，他在出场的 159 场比赛中打入了 111 个进球，赢得了荷兰杯、夺得荷甲亚军、拿到荷甲金靴并当选为荷兰"足球先生"。他的荷兰足球生涯可以说是很圆满的，这对他来说也是一段快速成长的美妙时光。在球迷们隆重的送别中，苏亚雷斯告别了阿贾克斯，正式登陆五大联赛①的舞台，在那里，他的才华会被全世界所瞩目。

---

① 欧洲足球五大联赛是欧洲足球联赛影响力及竞技水平排名前五的联赛，即西班牙足球甲级联赛、英格兰足球超级联赛、意大利足球甲级联赛、德国足球甲级联赛和法国足球甲级联赛。

英超风云

伴随着种种争议来到利物浦，苏亚雷斯希望迅速地证明自己。利物浦足球俱乐部是英格兰足球历史上最成功的俱乐部之一，也是欧洲乃至世界最成功的足球俱乐部之一。但当时球队的战绩并不令人满意，一度面临保级危险。顶着极高身价、身披 7 号球衣来到英超的苏亚雷斯能否真正拯救球队，最忠实的 KOP① 们心中都打上了大大的问号。

在自己的处女秀中，苏亚雷斯很快发现，与荷甲技术流不同，英超的比赛节奏更快、身体对抗更加激烈，前锋们有时不得不面对人高马大的后卫们的贴身盯防和逼抢。他在比赛中的第一次触球，刚刚把球控制住，抬了个头，它就被抢走了。这第一堂课教会了他必须足够迅速才能融入比赛中去，而只有更好地控制住脚下的球，才不会被对手抢走。

随着时间流逝，苏亚雷斯渐渐了解了英国足球：速度和攻势有时会掩盖缺陷，所以脚下技术的粗糙似乎是许多英超球队的通病；身材的高大往往会导致反应的滞缓，因此只要比对方后卫快那么一点儿，他就能突破重重围困，找出一个狭小的空隙起脚射门。在场上，他充分地运用自己 3 年间在荷兰学会的阅读比赛能力，抓住后防线上的每一个空当来进球。他在场上充分地挥洒着自己的灵

___

① 忠实利物浦球迷的自称。

气，或是凌空抽射，或是带球突破，或是起脚远射，打进了许多匪夷所思的球。第一个赛季，他就被评为英超冬季最佳转会球员。渐渐地，苏亚雷斯成为球队的头号射手，在他的帮助下，利物浦也走上了复兴之路。

随后主帅布伦达·罗杰斯①来到安菲尔德，②他大刀阔斧地改变了球队风格，放弃了贝尼特斯③时代防守反击的战术，转而强调控球率——让球员们不断传球，高位压迫，快速跑位，由边路向中路进攻，带球攻入禁区而不是在禁区等待。这种踢法很适合苏亚雷斯，他踢得像个前场自由人，在禁区边缘出没，不断移动拉扯对方的防线，等待队友的传球，准备向球门发动致命一击。那时他留下了许多经典战役，在场上时常带球过人戏耍对方整条后防线，甚至有人说，苏亚雷斯连美人鱼都能穿裆。④而其中最为高光的一战，莫过于2013/2014赛季对阵诺维奇的一场比赛。因为给对方门将留下太重的"心理阴影"，第二年夏天巴塞罗那俱乐部官方宣布签下苏亚雷斯时，诺维奇门将在第一时间点了赞，并调侃说转会费的一部分该付给他。该场比赛中利物浦5∶1横扫诺维奇，苏亚雷斯4球1助攻统治全场：一记35米的超级世界波，一个门前侧身凌空抽射，突破包夹门前挑射和一记漂亮的点球破门。每一个进球都精

---

① 前利物浦足球教练，任期为2012年5月—2015年5月。
② 利物浦足球俱乐部主场。
③ 拉斐尔·贝尼特斯，曾在2004—2010年执教利物浦。
④ 足球术语，指把球从对方球员的双腿之间穿过去，从而达到战术目的。

彩绝伦，苏亚雷斯的表现令解说都称赞不停。这个赛季，苏亚雷斯带领利物浦一路高歌猛进，朝着联赛冠军目标不断奋斗，虽然最后惜败屈居亚军，但是他凭借 33 场 31 球几乎每场都有进球的出众表现，同 C 罗①共同获得了该赛季的欧洲金靴奖。

在利物浦，苏亚雷斯收获了一群最信任的队友们，他们为了一个共同的目标而奋斗；他也用自己的表现征服了全世界最挑剔的球迷们，给他们带来一个又一个魔术般的进球。他有完美的盘带技术、鬼魅般的跑位、非凡的球感以及无与伦比的天赋。他的每一个射门都是不可复制的，世人无法想象有人能够用如此刁钻古怪的方式破门。后卫们不知道该怎么防守他，因为他从来不墨守成规，他生来就是为了打破所有的不可能。

然而苏亚雷斯在英超的征途并不像进球那样顺利，刚来时他被诟病一碰就倒、屡次跳水，被指控种族歧视，甚至发生了第二次咬人事件：2013 年 4 月 21 日，英超联赛最后一轮利物浦面对切尔西的比赛中，比赛进行到第 65 分钟时，苏亚雷斯在和伊万诺维奇争抢过程中咬了他的胳膊。赛后苏亚雷斯遭纪律委员会 10 场禁赛，提前告别了上赛季。场外，穷追不舍的英国媒体抓着他的错处不放。他不堪其扰，甚至想过转会阿森纳，②以为在伦敦这个大城市可以不被媒体打扰太多。但是队长杰拉德却劝说他再留一年，向他保

---

① 克里斯蒂亚诺·罗纳尔多，简称 "C 罗"，优秀的葡萄牙职业足球运动员。
② 阿森纳足球俱乐部，位于英国首都伦敦西北部，成立于 1886 年，现征战于英超联赛。

证一年后肯定能收到拜仁慕尼黑、①皇家马德里或者巴塞罗那这些俱乐部的邀请了。于是苏亚雷斯留了下来，继续跟随利物浦征战。所幸场外的喧嚣并没有遮住他的才华，越来越多的豪门开始留意他。直到 2014 年世界杯，咬人事件再次发生： 在乌拉圭对阵意大利的比赛中，苏亚雷斯情急之下咬了意大利后卫基耶利尼的肩膀。赛后，苏亚雷斯遭到国际足联的严厉处罚，禁赛 9 场，还被禁止参与一切和足球有关的活动。场外，铺天盖地的负面报道向他袭来，恶魔、吸血鬼、开瓶器……媒体用尽了一切刻薄的词语，甚至波及他的家人。苏亚雷斯终于不堪其扰，他决定不再留在英国，转投西班牙巴塞罗那俱乐部。

回首苏亚雷斯在利物浦的这三年，他喜欢英国足球，喜欢朝夕相处的队友们，喜欢热情洋溢的球迷们，甚至喜欢那些裁判。在利物浦的苏亚雷斯是自由的，他拥有围绕他制定战术的教练、配合默契的队友们和从来不吝啬欢呼的球迷们，在这里他可以尽情地挥洒自己的才华。他是深爱这支球队的，所以他会在 3∶3 战平水晶宫、痛失联赛冠军后把头蒙在球衣里哭泣，利物浦的球迷们也在他离开的时候送上了最诚挚的祝福——你永远不会独行。②

征服西甲

加盟巴塞罗那似乎是一件顺理成章的事情。因为气候语言上的

---

① 拜仁慕尼黑足球俱乐部，简称"拜仁"，是德国最成功的足球俱乐部。
② 利物浦足球俱乐部的队歌：《你永远不会独行》。

相近，太多南美巨星都曾在这里留下足迹，马拉多纳、罗马里奥、里瓦尔多、小罗①……这也是苏亚雷斯梦想中的俱乐部。他在孩童时期就曾说过，未来有一天想在巴萨踢球。而自从克鲁伊夫②将荷兰的传控足球带到了加泰罗尼亚，拉玛西亚③的孩子们踢的是漂亮的 Tiki-Taka，④这和苏亚雷斯在荷兰和利物浦时的踢法都有些相似，能够帮助他迅速地融入球队。

对于苏亚雷斯来说，加盟巴塞罗那意味着站在西班牙乃至世界足坛的顶峰，他能和梅西、伊涅斯塔这些巨星一起踢球，在世人面前展示自己的足球才华。更何况在当时的情况下，他丑闻缠身、刚刚结束禁赛，曾对他有意向的俱乐部全都避之不及。只有巴萨仍愿意用 8 100 万欧元签下他，他们顶着无数流言蜚语给了他这次机会，这对于苏亚雷斯来说意义重大。

可对于球队来说，这时招入这位争议颇多、背负不少咬人前科，甚至可谓劣迹斑斑的前锋，无异于掀起轩然大波。更何况巴萨前场已经拥有了梅西和内马尔，在利物浦作风偏独的乌拉圭人能否很好地融入球队，球迷们心中也疑问重重。

---

① 巴西传奇球星罗纳尔迪尼奥（全名罗纳尔多·德·阿西斯·莫雷拉）的别名。
② 约翰·克鲁伊夫，前荷兰球员、教练员，球员时代司职前腰、中锋，他将控球、传递以及用技术瓦解对手的全攻全守足球理念灌输进了巴塞罗那的拉玛西亚青训系统。
③ 指巴塞罗那俱乐部的"拉玛西亚"青训学校，培养了像梅西、哈维、伊涅斯塔这样的巨星。
④ 一种足球战术，其特点是短距离传送和频繁跑动，核心理念是保持控球权，以减低后方防守球员的压力。西班牙国家足球队及巴塞罗那足球俱乐部是两支最为著名的应用 Tiki-Taka 战术体系的球队。

顶住压力，苏亚雷斯来到巴塞罗那，踏上诺坎普球场。[①]在这里，他不再是前场核心，而开始越来越多地接脏球、与后卫身体对抗、回撤参与防守，兢兢业业地为前场扫除后顾之忧。随后，内马尔占据左路，梅西后撤让出中线，苏亚雷斯成为巴萨久违的 9 号。找到自己位置的乌拉圭人，很好地扮演了南美三叉戟的润滑剂，MSN[②] 横空出世配合默契，巴萨拥有了一支不可阻挡的锋线。这三个人的关系也越来越好，在场上他们互相配合，给对方助攻；场下也时常形影不离，一起聚会、出席活动。在梅西开始后撤，内马尔尚显年轻的时候，苏亚雷斯承包了大部分的进球，开始成为这个时代最伟大的中锋之一。他被誉为禁区内的终结者、不知疲倦的进球机器，最令人惊叹的是他无可比拟的临门一脚能力，有时他在接到队友的传球后，甚至都不需要停球，而是用各种匪夷所思的动作直接射门得分。他说在禁区内没有时间思考，都是凭着直觉和本能在踢球，那些精彩的破门没有人可以模仿，也没有人可以超越。

　　在迅速融入了巴萨的体系后，苏亚雷斯加盟的首个赛季就帮助球队获得了西甲联赛冠军、西班牙国王杯、欧冠联赛、[③]欧洲超级杯、[④]世俱杯 5 个冠军。2015/2016 赛季，他以 40 个联赛进球加冕

---

① 巴塞罗那足球俱乐部的主场。
② 取梅西（Messi）、苏亚雷斯（Suárez）、内马尔（Neymar）三人名字首字母的组合名称。
③ 欧洲冠军联赛，简称"欧冠"，是欧洲足球协会联盟主办的年度足球比赛，代表欧洲俱乐部足球最高荣誉和水平。
④ 欧洲超级杯，由欧洲足联欧洲联赛冠军与欧洲冠军联赛冠军角逐该项殊荣。

西甲联赛金靴，更是在职业生涯第二次获得欧洲金靴奖荣誉，是梅西和 C 罗之后，世界足坛当之无愧的第三人。

之后的几个赛季，苏亚雷斯在巴萨站稳了脚跟。他希望为球队贡献他的特长，用自己的热情带动队友们，总是在球队需要他的时刻站出来。比赛中无论是谁取得进球，他总是第一时间冲上去拥抱庆祝，他是真正地在享受比赛、渴望胜利。而他自己每次进球之后，都会亲吻右手手腕和 3 根手指，这个标志甚至被他文到了脖子上。虽然这个动作既不霸气也毫无观赏性，但是苏亚雷斯说，这是象征着把每一粒进球献给妻子索菲亚和孩子们。在场外，他总是拿着一个茶壶，里面装着索菲亚亲手泡的马黛茶，①这是他最喜欢的饮料。苏亚雷斯和索菲亚的爱情像童话一般，青梅竹马相遇，功成名就相守。索菲亚一直是苏亚雷斯的爱人、最亲密的朋友和最好的心理治疗师，她经常提醒苏亚雷斯注意改善球场上和公众中的形象。在加盟巴萨以后，苏亚雷斯也真的变得成熟与理智了许多：在场上，他努力控制情绪，减少与对手的不必要冲突；场外，他探望患病的小球迷，支持家乡球队建设。球迷们说，人人都爱苏亚雷斯。

当然，在巴塞罗那这样的顶级豪门踢球并不容易，苏亚雷斯也逐渐走向了自己职业生涯的后期。球迷们有时会埋怨他速度变慢、体形不再灵活，射门也少了些灵气，但是没有人会否认他依然扮演

---

① 在阿根廷、乌拉圭等南美国家深受人们喜爱的一种饮料，营养价值很高。

着不可或缺的重要角色，还往往在关键时刻挺身而出。他坦言想到可能要离队让他很难过，但也说球队需要为未来考虑，买一个 9 号位很正常。其实巴萨这些年也买过不少球员作为苏亚雷斯的替补，但是他们都没有太过出众的表现，球队现在也依然在寻觅一位合适的接班人，这就更体现出苏亚雷斯在中锋位置上的表现卓越和不可代替。他很少缺勤，总是想要上场踢球，甚至很少伤病，不愿意错过出场机会。

从转会巴塞罗那至今，苏亚雷斯在各项赛事中都取得了许多进球，在俱乐部历史射手榜中排名第五。而取得这个成绩，他只花了四年多的时间，乌拉圭人进球的高效率可以说令人惊叹。相信在接下来的巴萨生涯中，他也依然会为球队奉献自己最出色的表现。

纵观苏亚雷斯的俱乐部生涯，他在各级别联赛都努力打拼，一步步走向了世界足坛的巅峰。纵使场外风波不断，人们至今对他也褒贬不一，但他始终只用不断的进球回应所有的质疑者。在国家队，他更是奉献一切，带领乌拉圭队披荆斩棘试图重现 20 世纪的辉煌。对于乌拉圭人来说，他是当之无愧的民族英雄。

作为球员，苏亚雷斯是一个特别纯粹的人，他热爱足球，他的心中只有对胜利的无限渴望。于是为了获得胜利，他可以不择手段，可以不顾一切。对于苏亚雷斯来说，他会抓住每一次机会，无论它有多么渺茫；而一旦抓住了机会，就要全力以赴，永不放手。从在民族队初出茅庐开始，他就被认为是乌拉圭历史上最有天赋的球员之一，可是足球世界里从来不缺天才，是经年累月的坚持和努力使得苏亚雷斯从小村庄萨尔托一路踢到了巴塞罗那。

岁月流淌，苏亚雷斯现在也将走向自己职业生涯的后期。时光从来不饶过任何人，当年的坏小子已经从青涩走向了成熟；时间或许会带走他的灵活和敏捷，但是他对足球的坚持和热爱从未改变。没有后悔，因为始终不忘初心；没有遗憾，因为从来拼尽全力。

他是天使，也是魔鬼，他是世界足坛顶级中锋——路易斯·苏亚雷斯。

文学大家

拉丁美洲的良心——爱德华多·加莱亚诺

生平

爱德华多·加莱亚诺，乌拉圭记者、作家。1940 年 9 月 3 日出生于乌拉圭首都蒙得维的亚。14 岁开始在《太阳》周报发表政治漫画，他曾经当过工人、银行的出纳等，20 岁开始在乌拉圭《前进》周报担任记者，从此开始了记者生涯。1971 年，31 岁的加莱亚诺完成了他最著名的作品《拉丁美洲：被切开的血管》的写作。

两年后，乌拉圭发生军事政变，他被捕入狱，后流亡至阿根廷。在阿根廷期间，加莱亚诺主持了一份名为《危机》的文化杂志，最高峰时期，杂志一个月就卖 3.5 万～4 万份，创下当地西班牙语报纸杂志的纪录。1976 年，阿根廷庇隆政府在魏地拉将军的政变中倒台，阿根廷进入军事独裁统治时期，加莱亚诺也长期被阿根廷军事政府列入死亡黑名单。无可奈何之下，他离开了拉丁美洲，远渡重洋，来到西班牙流亡避难。10 年后，加莱亚诺才回到祖国，继续投身于新闻和文学事业。

加莱亚诺一生获得了许多知名的文学奖：1975年、1978年凭借《我们的歌》和《爱与战争的日日夜夜》先后两次获得拉丁美洲文学大奖——美洲之家文学奖，1998年获华盛顿大学美洲图书奖。虽然他的名声和造诣并不逊色于马尔克斯、略萨等拉美一流作家，可是他一生没有拿到西方的重要奖项，无论是新闻界的普利策奖，还是文学领域的诺贝尔文学奖，究其原因，也许他与西方中心主义的长期对抗和批判影响了对他的评价。无论是作为记者还是作家，他都没有被所谓的西方中心主义及西方的主流价值观所绑架或洗脑，他为拉丁美洲，甚至是全世界的边缘群体、"无声群体"发出强烈的声音，他也把光鲜亮丽的人类文明发展背后所隐藏的罪恶揭露得体无完肤。①

2008年，加莱亚诺当选为南方共同市场的首位"荣誉公民"，拉丁美洲的政要纷纷向他表示祝贺，如时任巴西总统卢拉、阿根廷总统费尔南德斯、智利总统巴切莱特、委内瑞拉总统查韦斯、玻利维亚总统莫拉莱斯等，②可见其在拉美政治界的号召力，而许多拉美的领导人都表示其执政思想受到加莱亚诺的影响。巴拉圭总统卢戈评论道："加莱亚诺曾经是、现在仍是拉丁美洲的声音。"

① 马立明：《加莱亚诺的"南方视角"西方中心主义的告别》，《深圳社会科学》2018年第2期。
② 栾翔：《乌拉圭作家加莱亚诺获南共市首个"荣誉公民"称号》，新华网，2008年7月5日。

2009 年第五届美洲国家首脑峰会上，委内瑞拉前总统查韦斯把《拉丁美洲：被切开的血管》送给了美国时任总统奥巴马，加莱亚诺也随之被全球媒体聚焦。2015 年 4 月 13 日，加莱亚诺因癌症去世，享年 75 岁，乌拉圭举国哀悼。

加莱亚诺被称为"拉丁美洲的声音""拉丁美洲的良心"，也被认为是"当代拉美文学界最富有活力的作家之一"，他针砭时弊，犀利透彻的文笔、充满良知的写作，为他在全世界赢得了良好的声誉及大量的读者。在中国，也有不少人把加莱亚诺比作鲁迅，因为他们都具有深刻的批判精神，想众人之不敢想，言众人之不敢言。他们的文字，直击现实的阴暗和民族的灵魂深处，正如鲁迅所说，"真正的勇士敢于直面惨淡的人生，敢于正视淋漓的鲜血"，加莱亚诺也是这样一位勇士。

加莱亚诺的创作大致可以分为三个阶段："愤怒的批判者""真相的讲述者"和"彻底的揭露者"。当他在 20 世纪 70 年代发表其最著名的代表作品《拉丁美洲：被切开的血管》时，加莱亚诺宛如旷野里的一声呐喊，使得整个在寻求自我定位和自身价值的拉丁美洲，对资本主义国家一贯灌输的理念产生怀疑和反抗，而拉美持续长达 30 年的左翼思潮，也与这部作品有着分不开的关系。虽然这本书使得加莱亚诺一举成名，但是他并没有停滞其对文学风格的探索和改变。20 世纪 80 年代，加莱亚诺流亡至西班牙的巴塞罗那，远离了自己的祖国，他也更能从一个旁观者的角度来看待问题，一如作家自己所说，流亡教会他新的谦逊和耐心。①"流亡向我证明了身份不在于居住地也不是证件问题：我活在哪里我都是乌拉圭人，就算不让我入境。已经快十一年了，但是我除了掉头发什么都没少：我的团结激情、不竭创作和去爱的冲动、面对不义爆发的愤慨程度都翻倍增加。"②此外，借助于丰富的宗主国历史资料，加莱亚诺仿佛有了另外一双眼睛，重新审视拉丁美洲百年的历史，他的创作进入一个成熟期，从一个充满愤怒的呐喊者，开始向一个冷静的思考者转变。1980 年《火的记忆》创作完成，一部史诗性的、讲述美洲 500 年历史的著作，标志着加莱亚诺的写作进入成熟期，同时他也找到了自己写作的目的，即"为那些不能读我作品的人写作；为那些底层人，那些几个世纪来排在历史尾巴的人，那些不识字或者没有办法识字的人写作"。③

21 世纪以来，花甲之年的加莱亚诺视野更加开阔，不再拘泥于拉丁美洲，而是放眼世界。《时间之嘴》《致未来先生的信》和《镜子：几乎世界史》等作品中，加莱亚诺质疑全球化，表达了自己对未来的忧虑，讲述着一部弱者的世界史，可以说晚年的加莱亚诺不再仅仅属于拉丁美洲，也属于所有的边缘国家和边缘民族。

---

① 爱德华多·加莱亚诺：《爱与战争的日日夜夜》，汪天艾译，百花文艺出版社 2016 年版，第 356 页。
② 爱德华多·加莱亚诺：《爱与战争的日日夜夜》，汪天艾译，百花文艺出版社 2016 年版，第 357 页。
③ 马立明：《加莱亚诺的"南方视角"西方中心主义的告别》，《深圳社会科学》2018 年第 2 期。

作者始终向下的立场，为拉美和其他世界上的无声人群发声。

原著片段赏析

> 拉丁美洲是一个血管被切开的地区。自从发现美洲大陆至今，这个地区的一切先是被转化为欧洲资本，而后又转化为美国资本，并在遥远的权力中心积累……血液就这样通过所有这些渠道流走了，今日的发达国家过去就是这样发展起来的，不发达国家也就因此变得更不发达。(1)

《拉丁美洲：被切开的血管》从 1971 年出版以来，再版 84 次，被译为 30 多种文字，在全世界销量突破 100 万册，可以说是了解拉美历史、政治情况甚至民族思想的经典之作。不同于一般的政史类书籍，本书以爱情小说和海盗小说的方式，从哥伦布发现新大陆开始，讲述了新旧殖民主义对拉丁美洲的剥削掠夺历史。"每个小章节表面上是相互独立的故事，彼此却又有密切的关联。这种松散的叙事结构，即便读者从书中任何一页开始阅读，也能迅速进入拉丁美洲绵密、永无止境的悲惨时空。"[①]在批判殖民压迫的同时，加莱亚诺的笔锋也直指拉美当局政府，揭露他们不过是欧美国家的傀儡，不为人民发声，所以乌拉圭、阿根廷及智利在 20 世纪

---

① 爱德华多·加莱亚诺：《拉丁美洲：被切开的血管》，王玫译，南京大学出版社 2018 年版。

七八十年代都把这本书列为禁书。

本书包括两个部分，第一部分题为"地球的丰饶造成了人类的贫困"，讲述了西方旧殖民主义凭借其坚船利炮，对拉丁美洲的金银矿产及各种农作物的掠夺。拉丁美洲享有丰富的自然资源，如加莱亚诺所说，其血管中所流淌的是黄金白银、蔗糖可可、咖啡橡胶、铜铁石油，加之充足的劳动力，引来了西方欧美国家的垂涎，结果却是造成了百年的贫穷。第二个部分题为"发展是罹难者多于行者的航程"，揭露了新殖民主义通过所谓的自由贸易、资本技术扼杀了拉丁美洲民族工业的发展。英美两国把现代文明的体系带到拉丁美洲，并通过投资技术、国际组织，甚至经济援助，使拉丁美洲处于完全的劣势，遭遇粗暴和不文明的对待，并且要承担长期"输血"的后果，在全球资本主义的体系下，被注定低下和被动地位，使得这片大陆的发展步履维艰。

《爱与战争的日日夜夜》

机器教导，谁反对它，谁就是国家的敌人。谁检举不公，谁就犯下叛国罪。（65）

独裁是无耻言行的惯例：一台让你变聋变哑的机器，不能听，无力说，看不见所有被禁止观看的东西。（132）

每三十个乌拉圭人里就有一个负责监视、追杀、迫害其他人。除了牢房和警察局，再无其他工作⋯⋯为什么血腥罪案簿里没列出毒化灵魂的谋杀罪？（162）

香料在市场上组成另一个世界。它们微小，却充满力量，所有肉类——牛肉，鱼肉，猪肉，羊肉——碰上香料都令人兴奋，汁液浓郁。我们都知道如果没有香料，我们都不会生在美洲，我们的餐桌和梦也会缺少魔力。毕竟，推动哥伦布和水手辛巴达前进的正是那些香料。（346）

肚子一人吃饭是身体需求。和你吃饭，是一场弥撒，一抹笑意。（347）

1978 年出版的《爱与战争的日日夜夜》，曾获拉美文学大奖——美洲之家文学奖。该书写于加莱亚诺的流亡时期，是其文学风格开始进入成熟期的奠基之作。作者在阿根廷、厄瓜多尔等不同的拉美国家流亡，也在不同的国家被当局列入黑名单，这颗"拉丁美洲的良心"并不受拉丁美洲统治阶级的欢迎。杂糅着新闻、回忆录、短记等多种题材，加莱亚诺以一颗破碎的心，一本和自己记忆的对话，讲述着发生在这片多灾多难土地上的暴力、暗杀、背叛及彷徨，记录着整个拉丁美洲的孤独史。但是这些死亡和黑暗，却没有抹杀作者对于正义和自由的追求，也没有减少他对自己祖国和拉丁美洲的热爱，在这些残忍残酷的记载中间，也夹杂着一些关于爱情、美味、希望，以及拉美的美好记忆。书中也记录了作者两次濒临死亡的经历，在"我的第一次死亡"中，加莱亚诺讲述了刚满 19 岁的自己吞下了足够杀死一匹马的安眠药，这次的自杀经历使得作家把以后剩下的每一天都当作是附赠的礼物，而他也决定用母性加莱亚诺来署名，以此来象征另一个自我的重生。根据"我的第二次的死亡"的回忆，由于被加拉加斯热带蚊虫的叮咬，一个月内得了两次疟疾，医生往加莱亚诺的血管里打了剂量足以治一匹马的奎宁救了他。离开医院的时候，医生给了他一张复活证书。也许，透过所有的痛苦，所有的磨难，作者真正要告诉读者的是"爱是真正美好的事物，信仰正义是真正美好的事物，自由是真正美好的事物，希望是真正美好的事物，写作是真正美好的事物。他知晓并让我们知晓： 真正美好的事物是存在的，是值得希望和争取的"。①

《火的记忆》

1562 年

火弄错了

修士迭戈·德·兰达把玛雅人的书一本本地扔进火堆里。

印第安人双脚被倒挂着，被打得皮开肉绽后，又被滚烫的蜡油淋了一遍，与此同时，火焰越来越高，书籍烧得噼里啪啦，像在呻吟。

这个夜,8个世纪的玛雅文献变成了灰烬。(152)

---

① 爱德华多·加莱亚诺：《爱与战争的日日夜夜》，汪天艾译，百花文艺出版社 2016 年版，第 371 页。

1672 年

白人的货物

现在，公司更名为皇家非洲公司。英国国王拥有最多
的股份，他鼓励在殖民地进行奴隶贸易，因为价格是非洲
时的六倍。

大鲨鱼们一直跟随在船队的后面到达海岛，等待着从
船上扔下来的尸体……（280）

《火的记忆》① 是加莱亚诺试图记录拉丁美洲漫长历史的三部
曲，正如加莱亚诺本人所说，它不是一部文集，也不清楚是不是小
说、杂文、史诗、记录文献抑或编年史，它的体裁难以界定。它更
像是一本"马赛克式的书"，作为记者的加莱亚诺，以其严谨的新
闻人精神，每一个所使用的片段都注明了时间、地点，而每一篇文
章后的编号，都可以在参考附录中找到文献信息。参考书目的种类
也涵盖口述文学、书信、官方记录，还有 19 世纪出版的各种书籍
和未出版书稿等，所有这些故事按照时间的顺序重新排列，呈现一
部风格独特的历史。亦有人将其定义为加莱亚诺特有的"魔幻新闻
主义"。

"女人和男人梦见造物主正在梦着他们"，三部曲的一起头，
所讲述的是在拉丁美洲流传或失传的关于世界起源、人类、大自然

---

① 爱德华多·加莱亚诺：《火的记忆》，路燕萍译，作家出版社 2014 年版。

的传说和哲学，充满着浪漫主义的色彩。而后从标志性的1492年开始，加莱亚诺尝试恢复被殖民者侵占和美化的历史，拯救整个美洲被绑架的记忆，如其在序言中所说，他要同这片被人轻视的、深情的土地对话，分享她的秘密，询问她诞生于何种多样的土壤，询问她源自什么样的性行为和强暴。书中记录了殖民者对原始文明的践踏和摧毁，也看到加莱亚诺想要尝试恢复重现的一个美好的、温柔的民族。而欧洲帝国美其名曰的文明的胜利，实则是一个大陆的痛苦和毁灭，是一种残忍的近乎难以启齿的野蛮。

拉丁美洲，她为西班牙、葡萄牙宗主国贡献了无数的黄金白银，满足了帝国的扩张欲望，成就了帝国的荣耀，甚至给全世界贡献了土豆、咖啡和辣椒，然而这一切给她自己带来的，却是衰败和灭亡。

《镜子》

第一次被驱逐的经历

正史上说，巴斯科·努涅斯·德·巴尔沃阿是第一个站在巴拿马的一个山头上看到两个大洋的人。原先住在那里的人，都是瞎子吗？

谁最先给玉米、土豆、番茄、巧克力以及美洲大陆的山山水水起了名字的？埃尔南·科尔特斯还是费朗西斯科·皮萨罗？原先住在那里的人，都是哑巴吗？（120）

伊拉克战争缘起改正错误的需要：地理学错误地把西

方的石油放在了东方的黄沙地下，但没有哪场战争敢于老

老实实承认：

"我杀人是为了抢东西。"（328）

《镜子》^① 延续了加莱亚诺特有的后现代风格，没有主线，短小的故事以碎片化的形式出现。他仍然在写被人遗忘的历史，仍然发出最少却最真实的声音，只是这一次，他的拯救记忆对象不再局限在拉丁美洲，而是扩展到全世界。600多个小短篇，讲述了从人类诞生到20世纪初的整个世界历史。正如作者本人所说，"这是个疯狂的冒险，突破所有边界，所有时间和空间的边界，从你看不见的人们的角度去重新发现人类历史，去重新发现那道人世间的彩虹，那道被种族主义、男性主义、军国主义、精英主义以及其他各种主义肢解的人类的彩虹"。

值得一提的是，加莱亚诺23岁访问中国并采访末代皇帝溥仪的经历也记录在《镜子》一书中，"一件蓝色制服，纽扣直扣到脖子，破旧的衬衫袖口从制服袖子中探出头来。他在北京植物园修剪树木花草，以此为生。"

《时日之子》

2月26日

---

① 爱德华多·加莱亚诺：《镜子》，张伟劼译，广西师范大学出版社2012年版。

我的非洲

19 世纪末，欧洲殖民列强在柏林开会商议瓜分非洲。

对殖民战利品——雨林、河流、山林、土地和地下矿藏的争夺激烈而又持久，甚至于新国界都已划定。

......

没有任何一个非洲人出现在那次峰会上，哪怕只是点缀。（42）

6 月 2 日

印第安人是人

1537 年，教宗保禄三世颁布教谕《伟大的天主》。

......

为了捍卫新世界的土著人，教谕规定他们是真正的人，作为真正的人，他们能够自由合法地使用、拥有和享受他们的自由和财产支配，而不应该受到奴役。

在美洲，没有人知道这个教谕。（113）

9 月 20 日

女冠军们

......

自 1955 年到 1970 年，德国妇女被禁止踢足球。

德国足球协会曾阐明原因：

——"在球类竞技中，女性的优雅丧失，身体和灵魂均受到伤害。身体的展示有辱贞洁。"（191）

11 月 2 日

亡灵节

在墨西哥，每年的今夜，活人邀请死人们，死人们畅吃畅饮，手舞足蹈，闲聊邻里间的笑话和新鲜事直到天明。

但是夜晚结束时，当钟声和第一道晨曦送别他们时，一些死人变成活人，藏匿在茂密树枝间和教堂墓地里。于是人们轰走他们，你干干脆脆地走吧，让我们安静吧，明年之前我们不想看见你了。（223）

《时日之子》[①] 是加莱亚诺生前的最后一部作品，写成于 2011 年末，以 366 天年历体的形式，记录了发生在人类历史上大事、小事和不为人知的事。加莱亚诺仍然为少数派发声，非洲人、印第安人、吉普赛人、女人等在历史的某段时期或现在仍旧处于社会底层的"无声"群体，在他的间接讽刺或直白叙述中，现实的残忍和真实也凝聚在精练的文字中，呈现在读者的眼前。然而书中也不乏幽默的小故事，如基督传教士们入侵斯堪的纳维亚，以地

[①] 参见爱德华多·加莱亚诺：《时日之子》，路燕萍译，作家出版社 2015 年版。

狱的永火威胁维京人放弃异端改信基督教，维京人却非常开心可以永远被火烤因为他们正冷得发抖。也有浪漫的小散文，比如南半球炎热的夏天，公蟋蟀用不会飞翔但会唱歌的翅膀来呼唤母蟋蟀。

加莱亚诺曾说，"写作是危险的"，但是他却用一生去做一个"追逐词语的猎手"，也是"为此而生"。他相信写作，认为这会成为他死后和别人的相处方式，"这样所有我爱过的人和事不会随我死去"。

短篇小说之王——奥拉西奥·基罗加

生平

奥拉西奥·基罗加，乌拉圭小说家，被誉为"拉丁美洲短篇小说之王"。1878 年 12 月 31 日，基罗加出生于乌拉圭萨尔托市，他的父亲普鲁登西奥·基罗加是一位阿根廷商人，母亲是帕斯托拉·福尔特莎，是一个家庭主妇，基罗加是四兄弟中最小的一个。1879年，基罗加的父亲摆弄猎枪走火，不幸将自己打死，为了寻找新的环境，母亲带着孩子们迁居到阿根廷，5 年后才返回乌拉圭。其后，基罗加的母亲改嫁，全家搬至蒙得维的亚居住。基罗加的继父后因中风瘫痪而自杀身亡。1899 年，基罗加创办了《萨尔托杂志》，然而半年后就被迫停刊。次年 3 月，基罗加离开了蒙得维的亚，前往巴黎寻梦，在梦想的文化大都市，他却遭遇冷眼、贫穷和孤独，4 个月后郁郁寡欢地返回祖国。基罗加在《巴黎之行日记》中这样总结巴黎的生活，"说到巴黎，也许是个很好的地方，但是我却感到厌倦"。

1901 年 11 月，基罗加的处女作、诗文集《珊瑚礁》出版发行，然而由于书中涉及过多的性爱内容及同性恋特征，并没有受到文学界的接纳。同年，他的哥哥普鲁登西奥和姐姐帕斯托拉先后患病死去。次年，基罗加的文学好友费德里科·费兰多因手枪走火，被基罗加打死。为了摆脱这个意外事故的阴影，基罗加移居到阿根廷。之后长期居住在阿根廷的查科及米西翁内斯丛林，他大部分的优秀作品也都是以丛林为背景。1905 年，短篇小说集《别人的罪行》出版发行，书中描绘的乱伦、色情受虐等也延续了其疯狂的主题。1908 年出版长篇小说《浑浊的爱情故事》。1909 年，基罗加与他的女学生安娜·玛丽亚·西雷斯结婚，1911 年，他的女儿艾格莱出生，次年他的儿子达里奥出生。米西翁内斯丛林的生活是原始且艰难的，基罗加要自己割橡胶、修道路、烧砖头甚至制造消灭蚂蚁用的器具，但是他却很满足。1915 年，他的妻子无法忍受长期的丛林生活及与丈夫之间关于孩子教育问题的矛盾，服毒自杀，8 天后才痛苦去世。

1917 年，基罗加最重要的短篇小说集《爱情、疯狂和死亡的故事》出版，也使得他在本国及拉美文坛赢得了盛誉，收录了《羽毛枕》《漂流》《被砍头的母鸡》等多篇家喻户晓的名篇。次年，其最具代表性的儿童故事集《大森林的故事》在阿根廷出版发行，收录在其中的知名儿童故事有《巨龟》《佛兰德人的长袜》《鳄鱼的战争》等。1925 年，短篇小说集《被砍头的母鸡》出版，同年，基罗加与一位名叫安娜·玛丽亚的年轻女子结婚，由于女方父母的阻挠，婚姻生活匆匆结束。这段故事被基罗加记录在长篇小说《过去的爱情》中。1927 年，他与女儿的同学玛丽亚·艾莱娜结婚，当时基罗加 49 岁，妻子 20 岁。同年 7 月，发表了著名的《尽善尽美的短篇小说家十诫》。5 年后，由于夫妻关系恶化，妻子带着孩子从米西翁内斯丛林返回布宜诺斯艾利斯。1935 年，出版最后一部短篇小说集《阴间》。1937 年，得知患了前列腺癌后，2 月 19 日，基罗加服毒自杀。

基罗加的文学创作大致分为四个阶段[①]：从 1901 年首部诗文集《珊瑚礁》的发表到 1905 年《别人的罪行》为其文学事业的初期；自 1906 年到《爱情、疯狂和死亡的故事》（1917）的发表为其创作的成熟期；1918—1926 年短篇小说集《被放逐的人们》是基罗加创作的高潮；其后是创作的衰退期，截至基罗加最后一部短篇小说集《阴间》的出版。

基罗加的创作生涯受到了多位作家的影响，如阿根廷诗人莱奥波尔多·卢贡内斯、俄罗斯作家陀思妥耶夫斯基等，但是如果说有哪位作家对基罗加产生了最深远的影响，毫无悬念，就是美国颓废主义作家爱伦·坡，正如基罗加坦白说："在那个时期，爱伦·坡是我阅读的唯一作家。这个该死的疯子完全控制了我；我的书桌上没有一本书不是他的。"基罗加所热衷讲述的"古怪的昆虫""痴呆的儿子""墓地"等都是爱伦·坡所喜欢表现的主题。可以说，

---

① 该划分依据知名文学评论家埃米尔·罗德里格斯·莫内加尔的观点。

爱伦·坡几乎决定了基罗加的全部小说创作。他的《别人的罪行》就是爱伦·坡的《一桶蒙特亚白葡萄酒》的翻版，而女主人公被枕头下的小虫子吸尽血身亡的《羽毛枕》，也与爱伦·坡《椭圆形照片》非常相似。以至于阿根廷文豪博尔赫斯曾无情地说基罗加写的短篇小说，爱伦·坡和吉卜林早就更好地写过了。然而，文学界更多的评论家认为，基罗加的作品，在纯粹的恐怖主义方面，超越了爱伦·坡的高度，将恐怖小说推向了极致。

然而在他们的那个时代，无论是爱伦·坡还是基罗加，都是不被时代所接受和理解的，他们表现的主题是死亡、恐惧、谋杀等，是令人害怕，充满压抑和痛苦的，他们站在美丽的对立面，阐释着生活的另外一种形式和可能。基罗加曾感慨道："在文学方面，我和爱伦·坡一起走过偏僻的小路。"

基罗加的一生多次经历家人和朋友的意外死亡，可谓一生命途多舛，然而这样一位经历坎坷的作家，并没有被命运所打败，反而在文学上取得了巨大的成就，而一生缠绕他的死亡，也没有使他屈服，在他的名篇《死去的人》中，他曾表达了对死亡的理解和态度，没有逃避，也没有无奈，而是坦然面对，告诫人们要珍惜此生，结合作家的苦难经历，实属难能可贵。

"死亡。在生命的流逝中，人们多次想到，经过无数准备性的年、月、星期和时日，总有一天会轮到我们走到死亡的门口。这是必须接受的和可以预见到的不可避免的法则。我们过于经常地让自己愉快地想象到那个时刻，其中尤其想象到咽下最后一口气的那个时刻。

但是在现在和咽气之间这段时间里，在我们还活着的时候，我们可能会有什么样的梦想、焦虑、希望和不幸事件！在从人生舞台上消失之前，我们还要如何保存这个生气勃勃的生命！我们离死亡和许多意外事故是如此遥远，我们仍然要活下去！这就是我们在议论死亡问题时还能感到安慰、快乐和理智的原因。"

原著片段赏析

《羽毛枕》

阿利西亚的蜜月过得像一场漫长的寒热病。她是一个胆怯的、像天使一般美丽的金发女郎。她丈夫豪尔丹的冷漠性格打破了她当上新娘时的天真美梦。

他的住所也让阿利西亚的恐惧不安不断加深。悄无声息的院子里——墙壁、圆柱和大理石雕像——到处一片白色，给人一种空荡荡的宫殿里的秋天之感。住宅内部，高墙上连一条最浅的沟痕都没有，墙壁上的白灰闪着寒光，进一步加强了那种令人不快的冷飕飕的感觉。

……

她一天天消瘦，这并不奇怪。她患了一种轻微的流行性感冒。这种病一天天在她身上悄悄地发展着；它使阿利西亚一直不能康复。

......

这是阿利西亚能够起床的最后一天。第二天早晨，她就陷入了昏迷状态。

......

第三天，阿利西亚的病情仍然很重。医生们进行了会诊，明显看出她是患了急性贫血症。但是病因仍然完全不明……卧室里整天亮着灯，笼罩着一片寂静，连续几个小时都听不到一点声音。

......

在阿利西亚挥之不去的幻觉中，有一只类人猿用手指撑着趴在地毯上，眼睛直盯着她。

......

她的头几乎不能转动，不愿意让别人碰她的床，也不愿意让别人整理她的枕头。她那种对身体不断衰竭的恐惧感愈来愈强烈，总觉得有什么怪物爬到床前，正费力地顺着床单往床上爬。后来，她就失去了知觉。最后两天她一直低声说胡话。卧室和客厅里的灯依然凄惨地亮着。

......

阿利西亚终于死了。后来，当女仆走进房间拆掉空空的床铺时，她惊讶地察看了一会儿阿利西亚的枕头……在枕芯的羽毛中间，有一只怪异的小生物，一个有生命的、黏糊糊的小球，慢慢地活动着毛茸茸的小腿，它吃得圆鼓

170

鼓的，肥得连嘴都看不清了……但自从阿利西亚病倒不能动以后，它吸血的速度就加快了。经过五天五夜，阿利西亚的血就被它吸干了。

　　死亡，是众多拉美作家青睐的主题，而对于基罗加来说，更像是死亡选择了他，而非他选择了这个沉重的主题。"他自己的一生就曾目睹不少亲人朋友以不同的方式死亡：幼年时，他父亲普鲁登西奥·基罗加打猎时猎枪走火，把自己打死；18岁时，他的继父脑出血瘫痪不能忍受疾病的痛苦，结果自杀；23岁时，他的哥哥普鲁登西奥和姐姐帕斯托拉先后患病死去；24岁时，他的朋友和文学活动的伙伴费德里科·费兰多因他的手枪走火而毙命；大约37岁时，他的结发妻子安娜·玛丽亚·西雷斯自杀身亡；59岁时，他自己患了癌症，不堪忍受病痛，服毒自杀。"①

　　在经历了如此多的厄运之后，死亡的残酷无情甚至恐怖，也常常出现在基罗加的短篇小说中。在《羽毛枕》② 一文中，作者运用现实主义的手法，讲述了一个年轻的妻子患了一种怪病而最终死亡的离奇故事。小说的开头，作者把女主角的蜜月比喻为一场"漫长的寒热病"，奠定了全文压抑的基调，她的住宅如"空荡荡的宫殿里的秋天"，加上她与丈夫之间缺乏激情与表达的冷漠关系，使得

---

① 朱景东：《拉丁美洲短篇小说之父：奥拉西奥·基罗加》，社会科学文献出版社2012年版，第196页。

② 奥拉西奥·基罗加：《爱情、疯狂和死亡的故事》，林光译，新华出版社2011年版。

悲剧在开始之前仿佛就已经危机四伏。年轻的妻子在短短的几天内，就像被人抽干了血液一样离奇去世，直到女仆整理她的枕头，发现了在枕芯中间，一个"黏糊糊的小球"，五天五夜就吸干了年轻女人的血，而这个小怪物，"吃得圆鼓鼓的，肥得连嘴都看不清了"。离奇的故事，离奇的死因，而基罗加却以一个科学家的口吻，来结束这个恐怖残酷的故事。"这种在鸟类身上生长的寄生虫，在一般情况下是很微小的。但在某些条件下，它会长得很大。人血对它们的生长似乎特别有利，所以在羽毛枕里发现它们也就不足为奇了。"一个"不足为奇"，把离奇的故事看为平常，同时恐惧也随之蔓延至每一个读者，既然"不足为奇"，那出现在任何人的生活中也都是"不足为奇"了。

《钻石饰针》

卡西姆身材瘦小，没有血色的脸上长着稀疏的黑胡子。他却有一个容貌出众、风骚多情的女人……她总是用自己的身段挑逗男人，激怒她的女邻居，直到二十岁，才终于怯懦地、心神不定地接受了卡西姆的求婚。

卡西姆把挣来的钱悉数给了她。为了向她多奉献一点收入，他连星期天也干活。

……

后来，有人要卡西姆在一枚首饰上镶一颗钻石，这是他经手镶过的最令人叹绝的钻石。

......

她猛地把宝石扔过去，宝石在地板上滚着。

"哼，干吗这么看着我？难道把你的宝贝摔坏了？"

"没摔坏。"说完，卡西姆又接着干活儿去了。但是他的双手直发抖，样子十分可怜。

卧室里灯光暗淡。卡西姆的面孔突然变得像石头那么硬。他拿起饰针，在她赤裸的胸脯上立了片刻，然后像插一颗钉子似的，用力把胸针狠狠地刺进了他妻子的心脏。

玛丽亚猛然睁开了眼睛，接着又慢慢地合上了眼皮，她的手指痉挛地抽成弓形，接着就再也不动弹了。

饰针在伤口的痉挛下猛烈摇晃着，有一瞬间失去了平衡。卡西姆等了片刻，知道饰针终于插在那里一动不动，他才轻轻地关上门，离开了卧室。

《钻石饰针》① 收录在基罗加的短篇小说集《爱情、疯狂和死亡的故事》中，也是该小说集中数一数二的优秀作品。"卡西姆是个身体虚弱、容易得病的人，虽然自己没有首饰店，他却是个专业的首饰匠。"这样一个老实巴交的手艺人，妻子容貌俊美，但是却是他痛苦的根源，妻子爱慕虚荣，对丈夫百般不满。"你，亏你还是个男子汉呢！" "幸福！你还有脸说这个！谁跟你在一起能幸

---

① 奥拉西奥·基罗加：《爱情、疯狂和死亡的故事》，林光译，新华出版社 2011 年版。

福……整个天底下没有一个女人……你这个倒霉鬼！"首饰一旦做完，年轻的妻子常常会立刻戴上，在镜子前照来照去，但是马上又想到自己永远也不会拥有这些昂贵的钻石珠宝，便又开始了对丈夫的冷嘲热讽，抱怨他连一件像样的衣服都没有给自己买过。通过简短的人物对话，基罗加就揭示了夫妻之间尖锐的矛盾，虽然丈夫总是逆来顺受，作者也未对其心理活动进行过多的剖析描述，但是妻子尖酸刻薄的语言却使得包括读者在内的群体对她产生厌恶之情，也为她的悲剧埋下了伏笔。

直到有一天，手艺人接到了一个活儿，是一颗光芒四射的钻石，"它值九千或上万比索""在镶嵌这颗钻石的时候，他勤劳的后背上感觉到了妻子那种强烈的怨恨和失望的心情，她一天上十次打断丈夫的活儿，拿走宝石跑到镜子前，然后配着各种不同的衣服试了又试"。而正是这颗璀璨夺目的钻石，使得年轻的妻子完全失去了理智，甚至要求手艺人和她一起为了这个钻石逃走，之后就如发疯一样歇斯底里地又吵又叫。当天夜晚，一生老实巴交的手艺人，在凌晨2点完成了他的工作，"那颗钻石被牢牢地镶在饰针上，闪闪发光"，然而这一切就好像是暴风雨来临前的平静和安详，让人觉得不安，手艺人缓缓走进卧室，拿起饰针，用力把胸针狠狠刺进了妻子的胸膛。年轻女人所钟爱的钻石，最终永远留在她的胸前。然而小说却没有在这里结束，轻描淡写的一句"他轻轻关上门，离开了卧室。"把刚刚结束的血腥杀人现场迅速转变为一片平静，仿佛什么都没有发生过。

儿童故事集：

基罗加的文学世界中，貌似被疯狂和死亡占据，然而就是这样一位命途多舛，以死亡恐怖小说为专长的作家，却同时也是拉美儿童文学的先驱，从他第一本重要的儿童故事集《丛林来信》到1918年他特意为他的孩子及拉普拉塔河流域的儿童所写的最具代表性的《大森林的故事》，一个个优美生动的故事，都是这个作家留给拉美儿童，乃至全世界儿童的宝贵财富。从基罗加的笔端里流淌出的是真善美，是他精心为孩子们设计过的美好故事，也传递着这个作家对生活的热爱，对美善的追求。

《丛林来信》共有七个故事，分别是《猎虎》《猎九带犰狳》《猎鳄鱼》《猎响尾蛇》《猎狐鹿崽》《猎小狐狸》《猎臭鼬》，作家的目的不是教孩子们如何打猎，而是将动物、地理、风俗融于诙谐幽默的故事中，寓教于乐。比如在《猎狐鹿崽》和《猎臭鼬》中，提醒孩子们要爱护动物，在《猎响尾蛇》中介绍了关于响尾蛇的知识，在《猎鳄鱼》中，还向孩子们讲到了印第安人的生活习俗，如给牲口打烙印、用火镰打火、披斗篷灯。①

《大森林的故事》出版于1918年，该故事集被翻译为多种文字，在世界各地的儿童中广受欢迎。大多数的故事都是以动物为主角，把孩子们带入一个动物王国。各种各样的动物们开口说话，鳄

---

① 朱景东：《拉丁美洲短篇小说之父：奥拉西奥·基罗加》，社会科学文献出版社 2012年版，第 135 页。

鱼、乌龟、鹦鹉、蜜蜂等，都向孩子们讲述着一个个生动的故事。基罗加曾多年生活在丛林，有着和动物们同居的独特经历，此外在写作之前，作者都会把这些故事口述给孩子们，看他们是否可以理解接受。这本故事集收录了很多家喻户晓的故事，比如《懒惰的小蜜蜂》讲述了一个起初懒惰的小蜜蜂因为不爱劳动而被赶出了蜂巢，在外面流浪的生活使得它感到孤独和离开群体的危险，最终幡然醒悟，回到蜂房变成了一只勤劳采蜜的小蜜蜂；《失明的扁角鹿》，扁角鹿感激那个救了它的鹿崽的猎人……

　　基罗加一生遭遇了很多的不幸，甚至最终也是选择用自杀来结束自己的生命，然而他所留下的儿童故事，在他众多的优秀作品当中，仿佛是一颗散发独特光芒的宝石，见证了基罗加对儿童的热爱，对美善的渴慕。

魔幻现实主义大师——胡安·卡洛斯·奥内蒂

生平

胡安·卡洛斯·奥内蒂，乌拉圭当代著名小说家，是"45年一代"的中坚人物，被誉为"魔幻现实主义的大师""拉丁美洲现代小说创始者"。1909 年 7 月 1 日，奥内蒂出身于蒙得维的亚的一个中产阶级家庭。由于生活所迫，中学没有毕业就开始谋生，在投身文学事业前，从事过多种职业，如售票员、工人及编辑等。1930年，奥内蒂来到阿根廷的布宜诺斯艾利斯，开始写一些随笔、影评文章。1935 年，布宜诺斯艾利斯《国家报》刊登了他的小说《障碍》，从此奥内蒂开始了自己的文学生涯。1939 年，他在乌拉圭《前进》周刊工作，年底出版了他个人的第一部长篇小说《井》，该小说也被认为是拉美现代小说的开始，略萨甚至把小说出版的这一年定义为拉美"爆炸文学"的源头。[1]

---

[1] Llosa，Mario Vargas，*Revista Universidad de México*，Vol. XXIII, nUm. IO, México, jun. , 1969, pp. 26 - 36.

177

此后的七年中，奥内蒂在路透社驻蒙得维的亚和布宜诺斯艾利斯分社工作。1957年返回乌拉圭，负责一家出版社并担任蒙得维的亚图书馆馆长。20世纪五六十年代是奥内蒂创作的高峰期，从《短暂的生命》（1950）开始，以虚构城市圣玛利亚为背景的小说相继问世：《生离死别》（1954）、《为了一个无名的坟丘》（1959）、《不幸的嘴脸》（1960）、《造船厂》（1961）、《像她那么悲哀》（1963）、《收尸人》（1965），这些作品都被视为拉美"文学爆炸"时期的重要作品。可以说，奥内蒂开创了拉普拉塔河地区文学，圣玛利亚这座虚构的城市，也成为一个经典，成了拉美都市文学的标志，而那个城市里被岁月和现实摧残的浑浑噩噩的男人和浑身散发着庸俗气息的女人及永远看不到希望的孩子，仿佛一个个痛苦而深刻的印记，记录着拉普拉塔河都市中的下层灵魂。

1974年，奥内蒂作为评委会一员，投票赞成一篇《反叛者》的文章，政府则以其中包含"色情暴力章节"为由，将其抓捕入狱。奥内蒂无法忍受侮辱，甚至想要用自杀来解脱。迫于博尔赫斯、奥克塔维奥·帕斯等拉美著名文人的抗议，乌拉圭当局后将奥内蒂转送到一家精神病疗养院。次年，受西班牙文化学院的邀请，奥内蒂来到马德里并开始定居。在这座欧洲的城市，他取得了巨大的文学成就，1976年，因《造船厂》获得意大利的拉丁美洲研究院文学奖，1979年出版的《倾听清风诉说》获得西班牙文学评论奖。奥内蒂的作品，"以其独创性和表现力见长，充满了痛苦和抗议的呼声"，1980年，获得第五届塞万提斯西班牙语文学奖，并被推举为诺贝尔文学奖候选人。

　　5 年后，乌拉圭结束了独裁统治，虽然当局领导邀请奥内蒂回国，但是为了避免自己记忆中的故乡被现实玷污，奥内蒂婉言拒绝了这个邀请，直至辞世，一直定居在马德里。晚年的奥内蒂不像年轻时一样孤僻冷漠，常常接待来自各地的访客，虽然对写作的热情已经褪去，但是他仍然花很多的时间读书。1993 年，他发表了最后一部小说《无关紧要时》，这部作品也被认为是奥内蒂的"遗嘱"。1994 年 5 月 29 日，奥内蒂久卧病榻后因肝病医治无效，在马德里去世，终年 84 岁。

　　奥内蒂被认为是拉美城市小说的创始人之一，他主张的城市题材的小说，是时代变化给文学提供的新素材。"一战"期间，欧洲国家忙于战事，放松了对拉美殖民地的控制，而其战时对物资的巨大需求，又给拉美民族经济的发展带来了前所未有的机遇。拉普拉塔河地区也在该时期实现了初步的工业化，城市的大量出现，外国移民和破产农民纷纷涌入大城市，城市结构也发生着巨大的变化。与此同时，新的社会规则和观念尚未建立，旧的封建社会结构和道德观念尚未瓦解，出现了新旧的对立和矛盾。奥内蒂先知先觉，以城市为背景，并且深入城市内部，关注生活在其中的人物对城市的感受。他的作品所关注的都是繁华都市中苟且生存的下层人民，故事的主角似乎都是坎坷不幸、找不到生活的出路、值得同情的人。或挣扎在贫穷或内心的孤独中，或偶尔有想要对现实做出改变，但最终清一色都是以悲剧而收场，令人慨叹。他的作品不仅是对当时病态的拉美社会的揭露，也是作者自身生活感受的真实表达。

奥内蒂的作品多选景于城市的公寓、办公室等狭小的空间，他对传统小说的内容和形式进行了革新，他的小说世界视角独特，没有明显的时空线索，也没有跌宕起伏的情节，他的小说，可以说是"向想象和虚幻旅行"，给读者无限的想象和推测空间，他也被认为是拉丁美洲第一个用幻想和虚构的手段来探求人类内心世界的作家。奥内蒂注重人物心理剖析，对人物的孤独苦闷描写得非常深刻，所渲染出的痛苦、窒息而惆怅的氛围，似乎成了作家独特的情绪世界。奥内蒂曾说过："艺术家有孤独的生活和深入自己内心的能力，而内心才是最真实的地方，是能产生艺术的源泉地。"奥内蒂生活阅历丰富，中学没有念完就开始进入社会谋生，深知中下层人民生活的不易，也目睹城市底层的芸芸众生。奥内蒂的成功之处也在于他把别具一格的写作手法融入自己真实的生活经历中，对现实和人性的揭露入木三分。对于人物孤独压抑、彷徨迷茫甚至病态的心理描写，常常使人感到如鲠在喉。很多人认为他的作品是深奥难懂的，甚至有的时候像是误入了一个没有尽头的迷宫，也有人认为读奥内蒂的作品仿佛身陷沥青，不能前进也不能后退，然而一旦明白其中的构思和奥秘，又会得到极高的阅读享受。

秘鲁作家布里塞·埃切尼克在其《文学大师奥内蒂》中这样评价奥内蒂的作品，"奥内蒂的作品令人伤心，让人落泪，忧郁伤感，叫人难受。他的作品里没有环境气氛，没有景物，没有地理知识。书中的一切都从人物的心灵里产生，都来自极其明显的淫秽的痛苦。奥内蒂的人物在一个空荡的、没有过去、没有历史、没有未来的地方游荡"。①作家使用怪诞的虚构幻想手法，同时又以现实为基础，揭示了一个悲惨的事实，就是人们无论是在真实的世界，还是在虚假的幻想世界，都不能找到生存的意义和价值。

原著片段赏析

《造船厂》

五年前，省长决定把拉尔森（又称"收尸人"）逐出该省的时候，有人曾信口戏言，拉尔森将会重返故里，以延续那百日王朝，这王朝曾是我们城志上众说纷纭、激动人心的一页——虽则现在几乎已被人忘却了。听到这一戏言的为数不多，而且可以肯定的是，因受挫而抱病、又被警察押解着的拉尔森本人，也立时就忘掉了这一戏言，他已放弃了回到本城来的任何希望。

但是不管怎么样，自那句戏言说过五年之后，拉尔森在一天上午从科隆城开来的公共汽车上走了下来。他把手提箱放在地上，拽拽绸衫的袖口，然后提起箱子，缓步而踌躇地向圣玛利亚城走去。这时雨过初晴。他似乎更胖、更矮了，他的模样已难以辨认，好像已被驯服了。

......

---

① 布里塞·埃切尼克：《文学大师奥内蒂》，朱景冬译，《译林》 2005 年第 2 期。

是巧合，当然是巧合，因为拉尔森不可能知道造船厂的事。圣玛利亚市全体居民中，只有巴斯克斯——那个送报工人才可能同意在拉尔森被流放的 5 年中给他写信；但是不知道巴斯克斯是否会写字；更何况令人难以置信的是倒闭的造船厂、赫雷米亚斯·佩特鲁斯的兴衰、有大理石雕像的大房子和呆傻姑娘等，会是由弗罗依兰·巴斯克斯发出的任何信函中的话题：不，也许不是巧合而是命运的安排。为命运所驱使的嗅觉和知觉，把拉尔森带回圣玛利亚市，原来他纯粹为了满足报复心理，故意在他仇恨的这座城市的大街小巷和公共场所抛头露面，后来命运却把他带到了那座饰有大理石雕像和滴灌龙头的杂草丛生的大房子跟前，带到了造船厂乱如麻团的电缆堆跟前。

……

"呸！地地道道的肮脏不堪的穷乡僻壤。"拉尔森啐了一口，随即又笑了一下。他站在沙滩嘴的夹角里，显得肥胖、矮小，不知何去何从。他诅咒他在圣玛利亚市度过的那些个年头，诅咒他的获释归来，诅咒那铅块似的低低的乌云，诅咒那倒霉的命运。

……

他的话连回声都没激起。风变成平缓的旋涡，从棚子的一侧如游刃一般、不慌不忙地灌进来。所有的话，包括那些脏话，那些威胁性的话和那些自豪的话，话音未落就被忘却了。从古至今直到永远，出了厂房那高高的脊角、斑斑锈迹和盲目孳生、相互缠绕的杂草以外，什么也没有——包括正站在厂房中央的他。他无可奈何而且荒唐地蠕动，仿佛是一只在神话故事里、在变幻莫测的大海中、在稀里糊涂的劳作和冬天的气氛里晃动着足肢和触角的黑甲虫，总是忍气吞声，来去匆匆。

......

这样，拉尔森便作了最后一次逆水之行，一次返回造船厂的旅行。这一次不仅仅是孤独，而且还有恐惧在伴随着他，还有一种刚刚开始的清醒感，对自己怀疑一切的态度开始动摇起来。他孤陋寡闻，而且怪模怪样地拒绝了解身边发生的事情。

他最终落得孑然一身，再也无戏可唱了。

......

就这样，这位拉尔森先生，独自一人，登舟上溯，在一个冬天的黄昏里，百无聊赖地望着两岸依稀可辨的树丛，右耳倾听这不知名的云雀的叫声。

......

他抬头寻找月亮，见到的却只是胆怯的银光。正是此时他才毫无顾虑地接受自杀的念头。他盘算着到他死的那一天之前的这段时间里有些什么事情要做。他知道他的死不会是一桩个人小事。

......

拉尔森舔着干裂出血的嘴唇，呼吸着春天的气息。与此同时，驳船正在顽强地逆水上行。就在那一星期尚未结束的时候，他由于肺炎而病死在罗萨里奥城。

发表于 1961 年的《造船厂》，因其故事设计绝妙、文字明快流畅，被拉美奥内蒂权威研究专家埃米尔·罗德里盖斯·莫内卡认为是奥内蒂的最佳作品。这部小说是奥内蒂"圣玛利亚小说"系列中的一部，自 1950 年《短暂的生命》出版起，奥内蒂就开始了以圣玛利亚这个虚构城市为背景的系列小说。这座城市位于拉普拉塔河沿岸，各色各样的人都汇聚到这里，有打工讨生活的、有怀揣美好幻想的，更多的则是在中下层社会摸爬滚打的芸芸众生。《造船厂》的灵感来自作家对一家真实的造船厂的参观，虽然船厂已经破产，但是陪同奥内蒂参观的经理和船厂的负责人却能若无其事地假装一切都在正常运作，甚至还在翻阅账单、查看财务报表。破败的船厂给了奥内蒂极大的刺激，倒闭的现实和船厂负责人伪装的表演给他提供了宝贵的创作素材。

《造船厂》的主角名叫拉尔森，在《短暂的生命》中是一个渴望摆脱压抑生活的广告公司的小职员，而在《造船厂》中，他因开过妓院被判刑，后回到老家圣玛利亚，到老商人贝德鲁斯的一个船厂工作。然而这个工厂早已经名存实亡，只有几个每天无所事事的职员佯装工作，贝德鲁斯虚张声势要把生意重振旗鼓，然而新任总经理的拉尔森却发现这一切都是一场作秀，拉尔森也是逢场作戏，加入这样一场闹剧中。然而饥肠辘辘终归是要解决的问题，于是造船厂的人开始拆船卖铁来维持生计。他们不仅对外欺骗，对内也是尔虞我诈，甚至对自己的家人朋友也是谎话连篇。然而内心深处，这些人也是惶惶不可终日，活在恐惧当中。最终造船厂还是以倒闭而告终，董事长贝德鲁斯的案底被揭发，以诈骗罪被关进监狱，他的女儿发了疯，拉尔森死于肺炎，行政主管自杀，技术经理逃亡。

评论界普遍认为，《造船厂》是对当时乌拉圭政府腐朽败坏、形式主义的映射。然而奥内蒂本人却并不认同这种观点，他不赞成把文学作品当成单纯的社会历史文献，他认为这种倾向是有害的，不利于文学的创作。但是他也不否认文学是历史和社会的间接证据，只是在反映的形式上，往往是间接，甚至被动的。同时，这部作品写成于半个多世纪前，但是其中所反映的投机倒把、尔虞我诈却与当今的社会惊人地相似，可见奥内蒂作为文学大师的前瞻性。巴尔加斯·略萨曾指出，"《造船厂》表现出来的'不发达的精神状态'在拉丁美洲'几乎多数人如此'，各个社会阶层都有，'许多人感觉奋斗无用，劳动无用，雄心壮志无用，因为一个强大、无形的机制打破、腐蚀、消解了一切努力，总是让奋斗的人们品尝失败的苦果'。因此，可以说《造船厂》揭示出来的'精神状态'已经超出了造船厂，超出了乌拉圭，甚至超出了拉丁美洲"。①

---

① 胡安·卡洛斯·奥内蒂：《造船厂》，赵德明、王治权译，人民文学出版社 2010 年版，第 11 页。

《井》

　　我立刻离开了那里，重新处在孤独中。所以拉萨罗说我是失败者。可能他是对的，再说啦，我有什么重要呢。除了这一切（这一切也并不重要），在这个国家还能做什么？什么也不能做，连受骗也不能。

　　"我写的这份东西是我的回忆。因为人到了四十岁时应该写他自己的生活，尤其是当他的生活中有过许多有趣的事情时更应该这样做。"

　　……

　　"写些不同的东西。写些比我生活经历中的事情更美妙的东西。我乐意写一个灵魂的经历，只写它，那些不管我是否愿意就掺和进来的事则不写，或者我写梦。从某个最遥远的噩梦到小木屋的遭遇。"

　　《井》发表于1939年底，是奥内蒂的第一部长篇小说，整个小说是第一人称叙述的长篇独白，一个名叫里纳塞洛的男人在40岁生日的前一天，在一个嘈杂拥挤的贫民窟讲述了自己的经历和梦想。他想要写一些"有趣的事情"，然而他的生活却没有什么有趣的事情可以让他来记录，失败的婚姻、毫无意义的工作以及破灭的理想。里纳塞洛虽然从没离开他居住的肮脏闷热的房间，然而他所讲述的人生境遇却也包含着他的幻想和梦境，因为现实的生活中，他找不到出路，只有封闭自我，在虚构的梦境中寻求解脱。这部小说发表于 1939 年，而在这一年，德国法西斯发动了第二次世界大战，西班牙内战共和国宣布失败，国家进入弗朗哥的军事独裁统治时期，两个重大的历史事件使得遥远的拉美地区也陷入对未来的危机感中。拉普拉塔河所汇集的落魄的外国移民、破产农民以及初到大城市梦想破灭的人，他们所经历的痛苦、孤独和无奈，都被奥内蒂借着里纳塞洛的口讲述出来。而最终却发现原来在这样的国家，"什么也不能做，连受骗也不能"。

《欢迎你，博布》

他肯定是在一天天衰老，比起他叫博布的那个时代差远了。那时，金黄色的头发垂到鬓角。他悄然走进大厅，满脸堆笑，双目炯炯有神，或是低声含糊地打着招呼，或是用手在耳边微微一招，走过去坐在钢琴旁的那盏电灯下，不是拿一本书看，就是默默地在一旁，聚精会神地长时间瞧着我们。

现今他已改名为罗伯特。他一醉方休；咳嗽时用脏手挡着嘴巴，和那时只喝啤酒的博布相比也相去甚远。

我每时每刻都想着博布，想着他的纯真、他的信念以及他以往的大胆梦想。回想着那个酷爱音乐的博布，那个计划着在沿海建造一座辉煌的城市来美化 500 万居民生活的博布。博布从不言不由衷，他敢于宣告年轻人向老年人开战，博布是未来与世界的主人。面对的却是一位手指被烟熏脏了的称之为罗伯特的男子。他过着粗俗的生活，在不知哪个气味难闻的办公室里上着班，和一个被他称之为"夫人"的胖女人结为夫妻。他坐在咖啡馆的椅子上，仔细地翻阅着报纸，用电话进行跑马赌博，并以此来度过那漫长的星期天。

《欢迎你，博布》是奥内蒂除了小说以外，所发表的十几篇优秀故事中的一个。奥内蒂巧设迷宫，情节时进时退、倒叙与跳跃交叉前进，螺旋上升式的叙述方式为拉美心理现实主义的形式打下了基础。奥内蒂讲述了"我"、博布和博布妹妹伊内斯的故事。年轻的博布趾高气扬、清高傲慢，强烈反对"我"和伊内斯的婚事，故事没有介绍细节，只告知了读者在博布的干预下，伊内斯对自己突然判若两人，冷若冰霜，另嫁旁人。数十年后，"我"对博布的仇恨却没有消退，"我才明白，过去并不会因时间的变迁而被忘却。昨天和十年前联系到了一起。"然而，当再次与博布重逢，博布已经没有了昔日的风采，而变成了一个粗俗平庸的中年人。而面对这样梦想褪去、激情不再的博布，"我"并没有感到大快人心，相反，"我"为博布而伤感，因为"任何人也不会像我对那个败落而不合时宜的博布不时提到的令人难以置信的计划及大惊小怪那样心醉神迷"，"我"为博布而感到惋惜，也怀念昔日博布身上的青春和傲慢，奥内蒂借着"我"的口，感慨在残酷的现实面前，"梦想正在逐渐淡化"，然而作家还是在最后，似乎给了读者一些模糊而悲伤的憧憬，老博布"脸上露出了笑容，并相信终有一天，他会回到这个世界，回到博布的时代"。

马里奥·巴尔加斯·略萨在其 2008 年的作品《走向虚幻之旅：胡安·卡洛斯·奥内蒂》中高度评价了奥内蒂作品中的现代性：时空被高度浓缩，叙述者的角度随意变换，客观现实和主观现实任意移位，人物、事件被无限分割，并认为奥内蒂可以与博尔赫斯、胡安·鲁尔福、威廉·福克纳等作家相齐名。[①]略萨甚至说，拉丁美洲作家，都欠了奥内蒂一笔还不清的债。

---

① 张力：《巴尔加斯·略萨新作〈走向虚幻之旅：胡安·卡洛斯·奥内蒂〉》，《外国文学动态》2010 年第 2 期。

参考文献

一、中文部分

1. 爱德华多·加莱亚诺：《足球往事： 那些阳光与阴影下的美丽和忧伤》，张俊译，广西师范大学出版社 2014 年版。

2. 爱德华多·加莱亚诺：《拉丁美洲： 被切开的血管》繁体字修订版，香港南方家园出版社 2013 年版。

3. 爱德华多·加莱亚诺：《时日之子》，路燕萍译，作家出版社 2015 年版。

4. 爱德华多·加莱亚诺：《火的记忆》，路燕萍译，作家出版社 2014 年版。

5. 爱德华多·加莱亚诺：《爱与战争的日日夜夜》，汪天艾译，百花文艺出版社 2016 年版。

6. 爱德华多·加莱亚诺：《镜子》，张伟劼译，广西师范大学出版社 2012 年版。

7. 奥拉西奥·基罗加：《爱情、疯狂和死亡的故事》，林光译，新华出版社 2011 年版。

8. 布里塞·埃切尼克：《文学大师奥内蒂》，朱景冬译，《译林》 2005 年第 2 期。

9. 贺双荣编著：《列国志·乌拉圭》，社会科学文献出版社 2005 年版。

10. 胡安·卡洛斯·奥内蒂：《造船厂》，赵德明、王治权译，人民文学出版社 2010 年版。

11. 李菡：《浅析拉美的另类传媒——以南方电视台为例》，《拉丁美洲研究》 2011 年第 6 期。

12. 梁文道：《美丽而心碎的足球往事》，《中国企业家》2010 年第 13 期。

13. 凌颖：《乌拉圭足球发展研究》，《体育文化导刊》2016 年第 5 期。

14. 路易斯·苏亚雷斯：《苏亚雷斯自传：超越界限》，俞青、唐梦秋、钟健译，北京出版社 2016 年版。

15. 栾翔：《乌拉圭作家加莱亚诺获南共市首个"荣誉公民"称号》，新华网，2008 年 7 月 5 日。

16. 马立明：《加莱亚诺的"南方视角"西方中心主义的告别》，《深圳社会科学》2018 年第 2 期。

17. 孙若彦：《拉丁美洲反美主义的发展阶段和内容》，《山东师范大学学报》（人文社会科学版）2012 年第 6 期。

18. 王琳：《南美足球文化研究》，北京体育大学学位论文，2010 年。

19. 闫冰：《浅谈古代非洲黑人文明起源——以班图文明为例》，《才智》2011 年第 25 期。

20. 余熙：《约会乌拉圭：南美瑞士的闲适故事》，世界知识出版社 2011 年版。

21. 张力：《巴尔加斯·略萨新作〈走向虚幻之旅：胡安·卡洛斯·奥内蒂〉》，《外国文学动态》2010 年第 2 期。

22. 朱景东：《拉丁美洲短篇小说之父：奥拉西奥·基罗加》，社会科学文献出版社 2012 年版。

二、外文部分

1. Bayce R. Cultura, identidades, subjetividades y estereotipos: preguntas generales y apuntes específicos en el caso del fútbol uruguayo [J]. P. Alabarces (comp.), Futbologías. Fútbol, identidad y violencia en América Latina, 2003: 163-177.

2. Benavides Vega, C. Universidad de Buenos Aires. Departamento de Actividades Culturales; Musica Antigua Del Siglo Xii Al Xvii; Buenos Aires, 1958.

3. Bonasso, M. Entrevistas Con Líderes De América: Fidel Castro, Hugo Chávez, Néstor Kirchner, Eduardo Galeano Y Otras Crónicas; Le Monde Diplomatique "el Diplô", 23; Ediciones Le Monde diplomatique, El Diplo, Capital Intelectual; Buenos Aires, Argentina, 2005.

4. Cibils Camila, *Memorias de lujo y celebridades del hotel San Rafael*, El observador, 2018.

5. da Silva A I, de los Santos H, Cabrera C. Análisis comparativo de la composición corporal de árbitros de fútbol de Brasil y Uruguay [J]. International Journal of Morphology, 2012, 30 (3): 877 - 882.

6. Laborde, G. ; Contreras, J. ; Ribas Serra, J. ; Universitat de Barcelona. Departament d'Antropologia Cultural i Història d'Amèrica i d'Àfrica; Universitat de Barcelona. Identidad Uruguaya En Cocina: Narrativas Sobre El Origen. dissertation, Universitat de Barcelona, 2017.

7. Madden, P. Carnaval, Montevideo. River Teeth: A Journal of Nonfiction Narrative 2004, 6 (1): 115 - 123.

8. Manero C D. Fútbol y dictadura en Uruguay: El mundialito desde Bourdieu y Elías [J] . Revista de ALESDE, 2013, 3 (2): 4 - 14.

9. Monteserín Andrea Annón. El Candombe En Uruguay: Un Patrimonio Resignificado Y Expandido. Amerika, 2016.

10. Orgambide, P. Horacio Quiroga: Una Historia De Vida; Biografías Del Sur; Planeta Argentina: Buenos Aires, 1994.

11. Osaba J. Más allá de la garra. El estilo del futbol uruguayo a través de El Gráfico y Nilo J. Suburú [J] . OSABA, Julio et. al. A romper la red. Montevideo, Cuadernos de História N°8, Biblioteca Nacional, 2012.

12. Reid Andrews, G. Recordando África Al Inventar Uruguay: Sociedades De Negros En El Carnaval De Montevideo, 1865 - 1930; Red Revista de Estudios Sociales: Bogotá, 2009.

13. Rocca, P. Horacio Quiroga: El Escritor Y El Mito; Ediciones de la Banda Oriental: Montevideo (Uruguay), 1996.

14. San Román G. La garra charrúa: fútbol, indios e identidad en el Uruguay contemporáneo [J] . Bulletin hispanique, 2005, 107 (2): 633 - 655.

15. Vargas Llosa, M. El Viaje a La Ficción: El Mundo De Juan Carlos Onetti; Alfaguara: Madrid, 2008.

16. Vargas Llosa, M. *Revista Universidad de México*, Vol. XXIII,

nUm. IO，México，jun. ，1969：26 - 36.

17. Verani，H. J. ；Ruffinelli，J. ；Verani，H. J. Juan Carlos Onetti；Serie El Escritor Y La Crítica. Persiles， 181；Taurus： Madrid， 1987.

18. 港口市场网站，www. mercadodelpuerto. com。

19. 科洛尼亚旅游网，https：//viajeacoloniauruguay. com/que-hacer-en-colonia/calle-de-los-suspiros/。

20. 土著民介绍网站，https：//pueblosoriginarios. com/textos/charruas/charrua1. html。

21. 乌拉圭旅游网， www. viajeauruguay. com/gastronomia/la-cocina-de-uruguay. php。

图书在版编目(CIP)数据

如此乌拉圭 / 王珍娜著 .— 上海 ： 上海社会科学
院出版社， 2020
ISBN 978 - 7 - 5520 - 3094 - 5

Ⅰ．①如… Ⅱ．①王… Ⅲ．①文化—介绍—乌拉圭
Ⅳ．①G178.22

中国版本图书馆 CIP 数据核字 （2020） 第 040274 号

如此乌拉圭

著　　者：王珍娜
责任编辑：董汉玲
封面设计：周清华
出版发行：上海社会科学院出版社
　　　　　上海顺昌路 622 号　邮编 200025
　　　　　电话总机 021 - 63315947　销售热线 021 - 53063735
　　　　　http：//www. sassp. cn　E-mail：sassp@sassp. cn
照　　排：南京前锦排版服务有限公司
印　　刷：上海龙腾印务有限公司
开　　本：890 毫米×1240 毫米　1/32
印　　张：6.375
插　　页：2
字　　数：131 千字
版　　次：2020 年 6 月第 1 版　2020 年 6 月第 1 次印刷

ISBN 978 - 7 - 5520 - 3094 - 5/G · 908　　定价：58.00 元

版权所有　翻印必究